Thomas Hohensee

Glücklich wie ein Buddha

Sechs Strategien,
alle Lebenslagen zu meistern

Deutscher Taschenbuch Verlag

Von Thomas Hohensee ist bei dtv lieferbar:
Sehnsucht (dtv premium 24773)
Entspannt wie ein Buddha (dtv premium 24836)
Der innere Freund (dtv 34707)

**Ausführliche Informationen über
unsere Autoren und Bücher
finden Sie auf unserer Website
www.dtv.de**

Aktualisierte Neuausgabe 2012
© Deutscher Taschenbuch Verlag GmbH & Co. KG,
München
Das Buch erschien früher bei Kreuz Verlag Stuttgart,
ein Unternehmen der Verlagsgruppe Dornier GmbH,
und als Knaur Taschenbuch bei Th. Knaur,
ein Unternehmen der Droemerschen Verlagsanstalt
Umschlagkonzept: Balk & Brumshagen
Satz: Greiner & Reichel, Köln
Druck und Bindung: Druckerei C. H. Beck, Nördlingen
Gedruckt auf säurefreiem, chlorfrei gebleichtem Papier
Printed in Germany · ISBN 978-3-423-34737-2

INHALT

INHALT

VORWORT ZUR NEUAUSGABE 2012

Als ich dieses Buch vor zehn Jahren schrieb, bekam ich von Verlagen noch zu hören: »Glücksbücher verkaufen sich nicht.« Die folgenden Jahre bewiesen jedoch das Gegenteil.

Glück ist gefragt, und ich hoffe, dass es sich dabei nicht um einen vorübergehenden Trend handelt; denn das wäre schade. Jeder kann etwas für sein Glück tun und muss es nicht dem Zufall überlassen. Natürlich gehen die Meinungen zu diesem Thema weit auseinander. Wie könnte dies anders sein! Die Ansicht, dass Hochgefühle ein Akt göttlicher Gnade seien, vom Menschen also unbeeinflussbar, hält sich hartnäckig.

Die wissenschaftliche Forschung zeigt jedoch ein anderes Bild. Gefühle kann man steuern, zumindest bis zu einem gewissen Grad. Es ist möglich, erfreuliche Emotionen in den Mittelpunkt seines Bewusstseins zu rücken. Die negativen Dinge, die es auf der Welt auch gibt, muss man nicht leugnen. Sie verdienen jedoch nur in Ausnahmefällen unsere volle Aufmerksamkeit.

Gelegentlich fragen mich LeserInnen, womit sie denn nun beginnen sollen. In der Tat enthält dieses Buch eine Fülle von Anregungen. Sechs Glücksstrategien stehen zu Ihrer Auswahl. Jede einzelne umfasst endlose Möglichkeiten. Meine Antwort ist einfach: Fangen Sie mit einem Vorschlag an, der Sie unmittelbar anspricht. Experimentieren Sie eine Weile damit. Danach können Sie, wenn das Bedürfnis nach mehr entsteht, eine weitere Methode ausprobieren. Mit der Zeit wird ihr Leben auf diese Weise ganz nebenbei reicher und befriedigender.

Kleine Schritte sind das Geheimnis des Erfolgs. So auch beim Glück.

Da wir alle so unterschiedlich sind, macht es keinen Sinn, Ihnen eine strikte Anleitung zum Glücklichsein zu geben in der Art: Kaufen Sie sich eine Katze, treten Sie einer religiösen Gemeinschaft bei und heiraten Sie so bald wie möglich. Den einen könnte genau dies weiterbringen. Für andere wäre es dagegen kein guter Rat. Manche sind gegen Katzen allergisch, wünschen sich keine dauerhafte Partnerschaft und möchten aus Überzeugung Atheisten bleiben.

Deshalb finden Sie in diesem Buch nur einen allgemeinen Rahmen, den Sie nach Belieben ausfüllen können. So rate ich Ihnen beispielsweise, sich erfreuliche Ziele zu setzen. Was Ihnen dazu einfällt, ist Ihre Sache. Weiter empfehle ich Ihnen, sich glückliche Gedanken zu machen anstelle von bedrückenden, ängstlichen oder ärgerlichen. Wie Sie die neuen, konstruktiven Einstellungen formulieren, ist Geschmackssache.

In den letzten Jahren war ›Glücklich wie ein Buddha‹ vergriffen. Ich freue mich deshalb, dass dtv sich entschlossen hat, das Buch neu herauszubringen. Mein Dank geht an Katharina Festner.

Sie, liebe Leserin, lieber Leser, sind der Grund, weshalb ich dieses Buch geschrieben habe. Ich wünsche Ihnen von Herzen: Leben Sie wie Gott in Frankreich und werden Sie so glücklich wie ein Buddha.

GLÜCKLICH WIE DER BUDDHA SELBST

Der Buddha lächelt. Nach vielen Jahren hatte er einen Weg gefunden, ein glückliches Leben zu führen. Er war fest davon überzeugt, dass jeder Mensch so glücklich sein könne wie er selbst, unter einer einzigen Voraussetzung: Er müsste denselben Weg gehen.

Leider wissen wir heute nicht mehr im Einzelnen, was er getan hat, um so glücklich zu sein, dass sein Lächeln bis heute in vielen Bildnissen überliefert wird. Der Buddhismus ist in zahlreiche Richtungen aufgesplittert, und alle weisen einen anderen Weg.

In diesem Buch verbinde ich Elemente der ursprünglichen Lehre des Buddha mit den neuen Erkenntnissen der Kognitiven Verhaltenstherapie. Diese Methode gehört zu den wenigen Verfahren, die wissenschaftlich überprüft sind und sich als nützlich herausgestellt haben. Wenn sie sogar schwer depressiven Menschen helfen kann, wieso sollten wir »normal belasteten« Menschen nicht auch davon profitieren können?

Die Grundidee, auf der die Kognitive Verhaltenstherapie basiert, ist sehr alt. Sie stammt aus der antiken griechischen Philosophie der Stoiker, die noch heute das Sinnbild für Ausgeglichenheit und unerschütterliche Ruhe sind. Sie hatten bereits den Zusammenhang zwischen Denken und Fühlen begriffen.

Ziel dieses Buches ist es, Ihnen dabei zu helfen, das, was Sie schon immer über Glück wussten, zu erinnern und täglich anzuwenden. Wir könnten alle wesentlich glücklicher und zufriedener sein, würden wir uns öfter – besonders in kritischen Situationen – vor Augen halten, was wir für unser Glück tun können.

Das Beispiel des Buddha ist ermutigend. Wenn es einer geschafft hat, Glück und Zufriedenheit ins Zentrum seines Lebens zu stellen und entsprechend zu leben, dann können wir es ihm gleichtun. Das war, wie gesagt, auch die Meinung des Buddha. Er hielt sich nicht für so außergewöhnlich oder göttlich, dass die anderen Menschen nicht dasselbe erreichen könnten wie er selbst.

Wäre es nicht wunderbar?

Man braucht nur die Tageszeitung aufzuschlagen, um mit dem Leid in der Welt konfrontiert zu sein. Dazu kommt oft noch das eigene Leiden.

Angesichts dieser Tatsachen kommt man nicht umhin, diese Welt, in der so viel Leiden möglich ist, als unvollkommen zu bezeichnen. In einer vollkommenen Welt gäbe es keine Kriege oder Krankheiten, keine Schmerzen und keine Misserfolge. Das Leben wäre ohne Probleme.

Wir aber sind ständig Veränderungen ausgesetzt, und das nicht immer zu unserem Vorteil. Der Wind kann sich drehen. Plötzlich beflügelt er nicht unseren Schritt, sondern bläst uns ins Gesicht. Das Glück scheint genauso launisch zu sein wie das Wetter. Wäre es da nicht wunderbar, das eigene Glück beeinflussen zu können, es selbst in der Hand zu haben, unabhängig von den Umständen? Das würde bedeuten, in einer unvollkommenen, sich ständig ändernden Welt trotzdem jederzeit glücklich sein zu können.

Aber kann man in einer unvollkommenen Welt, die voller Leiden ist, überhaupt glücklich leben? Kann man die Umstände beeinflussen, wie man es will? Oder ist es möglich, unabhängig von den jeweiligen Umständen glücklich zu sein?

Falls dies gehen sollte, wie kann man es erreichen? Muss man sich dafür nicht furchtbar anstrengen, das Glück gewissermaßen mit neuem Leid erkaufen? Oder gibt es Glücksstrategien, die überall und jederzeit ohne großen Zeitaufwand und ohne viel Mühe anwendbar sind?

Jeder kennt Phasen großen Glücks. Was ist in diesen Zeiten anders als sonst? Wie kann man die offenkundig vorhandene Fähigkeit, glücklich zu leben, zur Regel von der Ausnahme machen?

Manchmal haben wir Angst, mit schweren Krankheiten, Schicksalsschlägen, Verlusten usw., falls sie uns treffen sollten, nicht umgehen zu können, und sehen uns durch Menschen, die unter solchen Umständen zusammenbrechen, bestätigt.

Und doch hört man auch immer wieder von Menschen, die solche Krisen bewältigen und nach relativ kurzer Zeit wieder glücklich sind. Was machen diese Menschen bloß anders? Was bewahrt sie selbst im Unglück davor, darin zu versinken?

Die Voraussetzungen für ein glückliches Leben

Bevor wir beginnen, möchte ich Ihnen sagen, wie dieses Buch aufgebaut ist.

Egal welches Ziel Sie erreichen wollen, ob Sie ein Haus bauen oder glücklich sein wollen, Sie müssen fünf Voraussetzungen erfüllen. Erstens ist es erforderlich, dass Sie sich über Ihr Ziel im Klaren sind. Zweitens müssen Sie das Ziel auch wirklich erreichen wollen. Sie müssen motiviert sein. Drittens brauchen Sie einen Plan. Sie benötigen Informationen, wie Sie Ihr Ziel erreichen können. Das Wissen allein genügt aber nicht. Sie müssen, viertens, den Plan auch umsetzen. Und schließlich ist es unumgänglich, alle auftauchenden Hindernisse anzunehmen und zu überwinden. Bei nahezu jedem Vorhaben tauchen früher oder später Probleme auf. Nur wenn man eines nach dem anderen löst, erreicht man sein Ziel.

Der Aufbau dieses Buches folgt diesen fünf Schritten. Zuerst wenden wir uns dem Ziel zu. Worum geht es eigentlich, wenn man glücklich sein will? Die Motivation bildet den nächsten Punkt: Möchten Sie wirklich glücklich sein? Die sechs Glücksstrategien enthalten die Informationen, wie man ein glückliches Leben führen kann. Sie stellen den Plan dar, den es umzusetzen gilt. Im gesamten Buch wechseln theoretische Ausführungen und praktische Empfehlungen einander ab. Ich möchte Sie dabei anregen, das Gelesene sofort in die Tat umzusetzen. Es gibt aber auch noch ein Extra-Kapitel zur Anwendung der Glücksstrategien. Zum Schluss gehe ich noch einmal auf die Hindernisse ein, die unserem Glück im Weg stehen. Warum werden aus so vielen aufgeweckten Kindern eigentlich so viele lustlose, unglückliche Erwachsene?

Im vorliegenden Buch werden Sie keine Definition von der Art »Glück ist …« finden. Ich sage nicht: »Bauen Sie ein Haus«, »Verlieben Sie sich«, »Werden Sie Ärztin« oder Ähnliches. Wie Sie Ihr Leben gestalten, welche Ziele Sie sich setzen, das ist Ihre Sache. Ich beschreibe vielmehr eine Denk- und Verhaltensweise, die allen übrigen Zielen übergeordnet ist. Sonst bekommen Sie Ihr Haus, sind aber vielleicht trotzdem unglücklich.

Diese fünf allgemeinen Schritte zum Erfolg habe ich ausführlich dargestellt in meinem ›Erfolgsbuch für Faule. Entdecken Sie, was Sie wirklich wollen und wie Sie es ohne Stress erreichen‹. Anders als die meisten anderen Erfolgsratgeber empfehle ich, sich von vornherein die richtigen – die für Sie richtigen – Ziele auszusuchen und sich damit den Weg zum Ziel so leicht wie möglich zu machen. Da insbesondere die amerikanischen Erfolgsbücher sich dem Motto

»Hart arbeiten und positiv denken« verschrieben haben, habe ich mein Buch den »Faulen« gewidmet, also allen Menschen, die sich noch ein selbstbestimmtes Leben ohne Stress vorstellen können.

In ›Glücklich wie ein Buddha‹ geht es nun um das Thema »Glück«. Ich stelle sechs Strategien vor, die es Ihnen ermöglichen, relativ unabhängig von den äußeren Umständen glücklich zu werden. Während es im ›Erfolgsbuch für Faule‹ vor allem darum geht, die äußere Welt zu beeinflussen und nach den eigenen Wünschen zu gestalten – allerdings locker und ohne die Zähne zusammenzubeißen –, liegt der Schwerpunkt in diesem Buch auf der Beeinflussung der eigenen Gedanken- und Gefühlswelt.

Wir können unsere Wahrnehmung, unsere Interpretation der Welt und unsere Gefühle stärker steuern, als die meisten Menschen es heute wissen.

Die Glücksstrategien stehen in keiner bestimmten Reihenfolge. Sie ergänzen einander und bauen nicht aufeinander auf. Nicht jede Strategie wird immer funktionieren. Deshalb ist es besser, mehrere zu kennen. Je mehr man jede einzelne nutzt und je mehr man alle zusammen anwendet, desto glücklicher wird man in der Regel sein. Ich beginne mit der Auswahl der Umgebung, in der man lebt, und zwar vor allem deshalb, weil die meisten Menschen sich abhängig sehen von ihrer Umgebung. Es ist auch nichts falsch daran, für eine angenehme Umgebung zu sorgen. Nur reicht dies allein nicht aus, und es ist nicht einmal entscheidend für das eigene Glück.

Es folgt die Glücksstrategie, die auf das körperliche Wohlbefinden gerichtet ist. Auch in diesem Punkt sehen die meisten Menschen sich abhängig. Sie meinen, einen optimal funktionierenden Körper haben zu müssen, um glücklich zu sein. Natürlich macht es das Glücklichsein einfacher, wenn man gesund ist. Aber auch das Schicksal des Körpers bestimmt nicht zwangsläufig das eigene Glück.

Die nächsten drei Glücksstrategien stellen die Essenz dieses Buches dar. Sie beschreiben im Einzelnen, wie wir uns durch die Lenkung unserer Aufmerksamkeit und die Bewertung der wahrgenommenen Tatsachen glücklich oder unglücklich machen.

Ein Buch über Glück schiene mir unvollständig, käme nicht auch das Thema »Liebe« darin vor. Die abschließende Glücksstrategie befasst sich deshalb damit, wie wir uns am besten auf uns selbst, unsere Mitmenschen und die gesamte Umwelt beziehen und damit auch unser Glücklich- und Unglücklichsein mitbestimmen.

Nun aber zur Ausgangsfrage: Was ist überhaupt Glück?

DAS ZIEL – SIE KÖNNEN IM LEBEN NICHT
MEHR ERREICHEN, ALS GLÜCKLICH ZU SEIN

Was ist Glück?

Wörterbücher können bisweilen ganz schön umständlich sein. Nach dem ›Wörterbuch der deutschen Sprache‹, herausgegeben von Prof. Dr. Gerhard Wahrig, ist Glück der »Gemütszustand innerer Befriedigung und Hochstimmung (besonders nach Erfüllung ersehnter Wünsche), stete Freude«.

Immerhin, zum Schluss erfahren wir, dass Glück so viel bedeutet wie Freude. Ob es so etwas wie stete, also beständige, ununterbrochene Freude geben kann, werden wir noch sehen.

Auch die MitarbeiterInnen des Wörterbuches wollen nicht behaupten, dass man sich nur freut, wenn einem Wünsche erfüllt wurden. Deshalb sagen sie: »besonders nach der Erfüllung ersehnter Wünsche«. Das mag man so sehen oder auch nicht, jedenfalls wissen wir jetzt das Entscheidende: Glück ist ein anderes Wort für Freude.

Glück hat im Deutschen noch eine zweite Bedeutung: »günstige Fügung, günstiger Zufall«, als Gegensatz zu Pech. In der englischen Sprache gibt es dafür zwei Wörter: »happiness« und »luck«. Auf diese zweite Bedeutung kommt es hier nicht an. In dem vorliegenden Buch geht es ums Glücklichsein.

Und was ist Freude? Freude ist ein Gefühl, ebenso wie Angst, Wut und Enttäuschung – mit dem wichtigen Unterschied, dass die meisten Menschen sich lieber freuen als ängstigen oder ärgern.

Damit haben wir bereits einen wichtigen Hinweis. Um nach Belieben glücklich oder unglücklich zu sein, müssten wir nur noch lernen, mit unseren Gefühlen umzugehen.

Nun halten es aber viele Menschen für ausgeschlossen, Gefühle zu beherrschen. Gefühle kommen und gehen, wie es ihnen beliebt, meinen sie. Gefühle hätten quasi ein Eigenleben, und wir seien die hilflosen Opfer angenehmer oder unangenehmer Gefühle. Wir werden sehen.

Das erste Problem scheint also darin zu bestehen, dass das Glück nicht steuerbar ist, weil die Gefühle nicht zu beherrschen sind. Es gibt aber noch ein zweites Problem: Falls man die Kontrolle über die Gefühle bekommen könnte, wäre man dann nicht kühl wie Eis oder leblos wie ein Roboter?

Das sieht nun aus wie eine echte Zwickmühle. Ohne Kontrolle über die Gefühle keine Kontrolle über das eigene Glück, und mit Kontrolle über die Gefühle kalt wie ein Eisblock. Keine angenehmen Aussichten, oder?

Aber wir haben Glück. Es gibt einen Zugang zu den eigenen Gefühlen, und trotzdem wird man nicht zum Roboter. Bevor wir uns damit näher beschäftigen, eine andere Frage:

Wie glücklich sind Sie?

Psychologen haben ein Schnellverfahren entwickelt, um Gefühle zu messen. Es ist ganz simpel. Man schätzt seine Gefühle selbst ein. Wer sollte es auch sonst tun? Auf einer Skala von 0 bis 10 ordnet man einem Gefühl wie Trauer, Wut, Angst oder auch Freude eine bestimmte Zahl zu. Diese Einschätzung ist von anderen nicht überprüfbar. Da sie aber immer von derselben Person vorgenommen wird, ist sie durchaus aussagekräftig. Sie können es gleich selbst einmal ausprobieren.

Schätzen Sie Ihre momentane Freude auf einer Skala von 0 bis 10 ein. 5 ist der Mittelwert. Wenn Sie finden, dass Sie im Moment weder glücklich noch unglücklich sind, liegen Sie bei 5. Bei 0 würden Sie sich maximal unglücklich (»sehr, sehr unglücklich«) fühlen, bei 10 maximal glücklich (»sehr, sehr glücklich«). Sind Sie im Moment eher glücklich als unglücklich, kommen die Werte 6 und 7 in Frage. Bei 8 und 9 sind Sie eindeutig glücklich bzw. sehr glücklich. Entsprechend verhält es sich bei den Werten zwischen 1 und 4.

Wenn Sie es nicht wissen, raten Sie einfach. Es ist kein Test. Sie müssen Ihre Einschätzung auch nicht begründen. Nehmen Sie einfach die Zahl, die Ihnen im Moment stimmig erscheint.

Auf diese Weise können Sie jederzeit mit Leichtigkeit feststellen, wo Sie momentan in Bezug auf Ihr Ziel stehen.

Was können Sie im Moment tun, um glücklicher zu sein?

Wenn Sie wissen, wo Sie im Augenblick auf der subjektiven Glücksskala stehen, fragen Sie sich anschließend, was Sie tun könnten, um etwas glücklicher zu sein. Bei 6 oder höher können Sie sich die Frage sparen. Aber bei einer Zahl darunter könnte es sich lohnen, kurz darüber nachzudenken. Gibt es etwas, worüber Sie sich im Moment freuen könnten?

Manchmal fällt einem spontan etwas ein, irgendeine Kleinigkeit, die einen etwas glücklicher macht. Entscheidend ist das Wort »glücklicher«. Wir können nicht erwarten, die ganze Zeit bei 10 zu stehen. Wir leben nicht im Paradies, sondern in einer unvollkommenen, sich ständig ändernden Welt. Deshalb ist es ausgeschlossen, dass wir ein beständiges, ununterbrochenes Hochgefühl der Freude erleben.

Nie mehr zu leiden ist nicht wünschenswert. Leprakranke können aufgrund ihrer Krankheit keine Schmerzen empfinden. Dadurch sind sie in großer Gefahr, weil sie Verletzungen nicht spüren und sogar Finger verlieren können, ohne es zu fühlen.

Bestimmte Hirndefekte führen dazu, dass Menschen keine Emotionen empfinden, weder Trauer noch Angst, Wut oder Freude. Eine solche Unempfindlichkeit ist nicht wünschenswert, weil sie kein Zeichen großer Vollkommenheit, sondern schwerer Krankheit ist.

Was man als gesunder Mensch erreichen kann, ist allerdings, nicht mehr so oft, nicht so intensiv und nicht so lange zu leiden. Positiv ausgedrückt, geht es in diesem Buch also darum, öfter, länger und intensiver glücklich zu sein, als man es bisher kannte. Absolutes und ununterbrochenes Glück ist in einer unvollkommenen, sich ständig ändernden Welt weder möglich noch erstrebenswert.

Oft wird behauptet, der Buddha sei ein Mensch gewesen, der vollkommenes und beständiges Glück schon zu Lebzeiten erfahren habe. Mir gefällt diese Idee bis zu einem gewissen Grad, aber ich glaube nicht, dass Siddhartha Gautama, der vor etwa 2500 Jahren lebte und später der Buddha, das heißt der Erleuchtete, genannt wurde, keine Schmerzen und kein Leid mehr kannte. Dann wäre er eben kein Mensch gewesen oder, wie oben beschrieben, ein schwer kranker.

Ich denke, dass Siddhartha Gautama ein Meister der Selbstbeherrschung war und es vortrefflich verstand, die sechs Glücksstrategien anzuwenden, die in diesem Buch dargestellt sind, und zwar in einem so hohen Maße, dass sein Nachruhm bis heute währt.

Der von allem Leid befreite Buddha aber ist eine Idealisierung. Menschen mögen die Vorstellung, dass es Siegertypen, Helden oder Götter in Menschengestalt gibt. Es ist der Stoff für Märchen, Romane und Legenden. Die Legendenbildungen um den Buddha sind wie alle Legenden sehr fantasievoll. Das ist in Ordnung, solange man Legenden als Legenden begreift und sie nicht für bare Münze nimmt.

Idealisierungen haben die Kehrseite, dass die Menschen, die sie für wahr halten, sich selbst oft damit herabsetzen. Anstatt ihr Ideal zurechtzurücken, glauben sie, sie selbst seien unwert, niedrig und unfähig.

Machen Sie sich also nicht dadurch unglücklich, dass Sie meinen, Sie müssten die ganze Zeit hochgestimmt und überglücklich sein. Das Ziel, glücklich zu leben, ist erreicht, wenn man selten leidet, nur für kurze Zeit und nicht sehr stark, dafür aber sehr oft für lange Zeit sehr glücklich ist.

Glückliche Menschen – unglückliche Menschen

Jeder kennt glückliche Menschen. Es können Verwandte, Freundinnen oder Freunde sein, aber auch Menschen, denen man flüchtig begegnet oder von denen man liest. Versuchen Sie einmal herauszubekommen, was diese Menschen tun, um glücklich zu sein.

Manche schaffen es sogar, mit Schicksalsschlägen und Niederlagen besser umzugehen als andere. Falls Sie die Gelegenheit dazu haben, studieren Sie diese Menschen. Beobachten Sie sie, stellen Sie ihnen Fragen. Vielleicht lesen Sie auch einmal Bücher, in denen Menschen schildern, wie sie mit großen Problemen fertiggeworden sind.

Jeder lernt im Laufe des Lebens auch unglückliche Menschen kennen. Was machen diese Leute anders als die Glücklichen? Gibt es Unterschiede im Denken und Verhalten? Oder sind es nur die Umstände?

Von anderen Menschen kann man alles Mögliche lernen: Ski fahren, Kuchen backen, rechnen, und auch, wie man glücklich oder unglücklich lebt. Man kann das Gute ebenso übernehmen wie das weniger Gute. Vorbilder nachzuahmen, das ist eines der zentralen Lernprinzipien, im Guten wie im Schlechten.

DIE MOTIVATION – WOLLEN SIE WIRKLICH GLÜCKLICH SEIN?

Wünschen allein genügt nicht

Wie viele Menschen wollen wirklich glücklich leben? Was bedeutet wirklich wollen? Der Unterschied zwischen wollen und wirklich wollen liegt in der Entschlossenheit, in der Bereitschaft, diesem Ziel oberste Priorität zu geben und tatsächlich etwas zu tun, anstatt nur davon zu träumen.

Dabei könnte sich der Gedanke einschleichen, dass von nun an alles sehr anstrengend wird und der Weg zum Glücklichsein Blut, Schweiß und Tränen kostet. Wenn Sie mein »Erfolgsbuch für Faule« kennen, wissen Sie, dass diese Sorge unberechtigt ist. Nichts läge mir ferner, als zu verlangen, Sie müssten für Ihr Glück hart arbeiten. Was wäre dies für eine absurde Forderung: das Leiden überwinden zu wollen, indem man seinem Leben neuen Stress hinzufügt. Es genügt, *etwas* zu tun. Mit weniger geht es allerdings nicht. Das bloße Wünschen genügt nicht. Die Lebenserfahrung zeigt, dass reine Passivität regelmäßig nicht zum Ziel führt.

Es wird oft leichthin gesagt, jeder Mensch wolle glücklich sein. Das mag in gewisser Weise richtig sein, aber wenn man sich das Verhalten der Menschen anschaut, hat man nicht unbedingt den Eindruck, es gehe um Glück. Zumindest ist das, was viele tun, um glücklich zu sein, sehr kurzsichtig und führt auf lange Sicht ins Unglück. Nach meinem Eindruck sind nur wenige Menschen wirklich entschlossen, ein glückliches Leben zu führen.

Glücklichsein als eigenständiges Ziel

Glück entsteht nicht einfach so nebenbei. Wer meint, es genüge, materiellen Besitz anzustreben, und damit würde sich das Glück automatisch einstellen, der irrt sich sehr.

Viele haben schon die tragische Erfahrung gemacht, dass ihr ganzer Besitz sie nicht glücklich machen konnte, weder das Haus noch das Boot noch das Auto. Wer ein Auto will, bekommt, wenn alles gut geht, ein Auto – mehr nicht. Wer glücklich sein möchte und das dafür Nötige tut, wird glücklich. Arbeit ist Arbeit, und Schnaps ist Schnaps. Auto ist Auto, und Glück ist Glück.

Ein gelegentlich zitierter Mythos besagt, dass das Glück sich willkürlich einstelle. Je mehr man es wolle, desto mehr entferne es sich. Das ist einerseits richtig, andererseits falsch.

Richtig ist, dass man nicht – wie ein kleiner Diktator – mit dem Fuß aufstampfen und schreien kann: »Ich will glücklich sein. Ich will glücklich sein.«

Falsch ist aber, dass Glück auf Zufällen beruht. Glück bedeutet Freude, und Freude ist ein Gefühl. Gefühle kann man beeinflussen, auch wenn viele nicht wissen wie. In den Kapiteln über die Glücksstrategien finden Sie verschiedene Zugänge zu Ihren Gefühlen und damit auch zu Ihrem Glück.

Sich zum Glücklichsein motivieren

Erwarten Sie nicht, dass andere Sie auffordern werden, für Ihr persönliches Glück zu sorgen. Die anderen werden von Ihnen eher verlangen, dass Sie Ihre Pflichten erfüllen. Das können berufliche Pflichten sein, aber auch persönliche als Eltern, Kind, Ehemann / Ehefrau, Vereinsmitglied usw.

Es ist ein Glücksfall, wenn jemand daran interessiert ist, dass es Ihnen gut geht und Sie sich rundum wohlfühlen. Die an Ihrem Glück und Wohlbefinden am meisten interessierte Person müssen Sie selbst sein!

Im Idealfall hatten Sie Eltern oder andere Angehörige, denen es eine Herzensangelegenheit war, für Ihr Glück zu sorgen. Mit der Zeit haben Sie dann diese Rolle, die Ihre Eltern für Sie gespielt haben, verinnerlicht und tun heute für sich dasselbe, was früher Ihre Eltern für Sie übernahmen.

So reibungslos verläuft die Entwicklung aber leider selten. Eltern sind oft selber überlastet und unglücklich und haben dann nicht die Zeit und das Interesse, sich angemessen um ihre Kinder zu kümmern. Überhaupt sind Kinder durch das Glück bzw. Unglück ihrer Eltern eingeschränkt. Selten ist es der böse Wille der Eltern, ihren Kindern zu schaden. Aber wie sollen Eltern ihren Kindern etwas beibringen, was sie selber nur in Grenzen können, nämlich glücklich zu leben? Wenn ein Kind seine Mutter und seinen Vater fragen würde: »Wie lebt man eigentlich so, dass man glücklich ist?«, dann müssten die beiden ehrlicherweise in vielen Fällen sagen: »Das wüssten wir selber gern.« In einer unvollkommenen Welt ist es zu viel verlangt, von den Eltern oder anderen Menschen zu erwarten, dass diese Sie dazu anhalten, für Ihr eigenes Glück zu sorgen.

Sie müssen selbst lernen, sich immer wieder die Fragen zu stellen: »Was kann ich tun, um mich wohlzufühlen? Was brauche ich, um glücklich zu sein?« Sie müssen diesen Themen eine hohe Priorität in Ihrem Leben einräumen.

Manche werden sich nun fragen, ob eine solche Einstellung nicht furchtbar selbstsüchtig ist. Falls Sie ein schlechtes Gewissen bekommen, sobald Sie für Ihr eigenes Glück eintreten, möchte ich Ihnen einmal eine kleine Standpauke halten. Sie sind es anderen schuldig, für Ihr Glück und Wohlbefinden zu sorgen. Glauben Sie etwa, es ist den anderen angenehm, mit einem »selbstlosen« unglücklichen, still oder laut klagenden Menschen umzugehen? Indem Sie etwas für sich tun, tun Sie etwas für die anderen. Wir leben miteinander verbunden, und die Freude und das Leid, die wir empfinden, färben auf andere ab. Wenn Sie also nicht im eigenen Interesse glücklich sein wollen, dann tun Sie es für die anderen. Leben Sie glücklich im Dienste der anderen. (Ende der Standpauke!)

Gute Gründe, glücklich zu leben

Welche Vorteile hätte es für Sie, wenn Sie dem Glück in Ihrem Leben höchste Priorität einräumen würden? Wäre es nicht wunderbar, wenn Sie in Zukunft seltener unglücklich wären, und wenn doch, dann nicht so lange und nicht so sehr? Wenn Sie stattdessen öfter glücklich wären, und zwar längere Zeit und intensiver als bisher? Wenn Sie einen größeren Einfluss darauf hätten, ob Sie glücklich oder unglücklich sind?

Daniel Goleman hat in seinem Buch ›Emotionale Intelligenz‹ ausführlich die Vorteile dargelegt, mit den eigenen Gefühlen umgehen zu können. Menschen, die somit ihre Ängste, Depressionen und Aggressionen beherrschen können und mehr Freude erleben, sind gesünder und beruflich und privat erfolgreicher.

Auch Robert Ornstein und David Sobel haben in ihrem Buch ›Healthy Pleasures‹ (dt.: ›Gesund durch Lebensfreude‹) zahlreiche wissenschaftliche Beweise dafür genannt, dass Glück die Gesundheit fördert.

Der amerikanische Psychologe Gary Emery setzt Glück sogar mit psychischer Gesundheit gleich.

Überlegen Sie einmal, wie sich Ihr Leben verändern würde, wenn Sie die meiste Zeit glücklich wären.

Motivation erkennt man am Tun

Wann immer man erkennen möchte, ob jemand motiviert ist, braucht man nur darauf zu achten, wie viel er für seine Ziele tut. Echte Motivation erkennt man nicht am bloßen Denken oder Reden, sondern am Tun. Das gilt natürlich auch für Sie selbst. Wünschen allein genügt nicht, auch nicht das Reden darüber. Nur Handeln bringt Sie weiter.

Halten Sie sich darum immer vor Augen, wie wunderbar ein glückliches Leben wäre, ein glückliches Leben trotz aller unvermeidlich auftauchenden Probleme. Dann werden Sie bereit sein, alles Notwendige dafür zu tun.

DIE GLÜCKSSTRATEGIEN – LERNEN SIE,
WIE SIE JEDERZEIT GLÜCKLICH SEIN KÖNNEN

1 SUCHEN SIE SICH EINE ANGENEHME UMGEBUNG

Erleuchtung unter dem Bodhi-Baum

Es gibt Menschen, die erwarten von sich, in jeder Umgebung glücklich zu sein. Das ist eine glatte Überforderung. Selbst der Buddha hat sich auf dem Weg zu seiner Erleuchtung eine angenehme Landschaft ausgesucht. Nachdem er vieles ausprobiert hatte, um sein Leiden zu überwinden, ihn aber nichts glücklich und zufriedengestellt hatte, erinnerte er sich, wie er als Kind, unter einem schattigen Baum sitzend, Seligkeit empfunden hatte. Daraufhin gab er seine bis dahin praktizierte Selbstquälerei auf. In dem Buch ›Gotama Buddha. Mein Weg zum Erwachen‹, herausgegeben von Detlef Kantowsky und Ekkehard Saß, heißt es dazu: »Auf der Suche nach dem Weg zum inneren Frieden kam ich schließlich in die Nähe von Uruvela … Dort fand ich ein entzückendes Fleckchen Erde mit einem lieblichen Waldstück und einem klaren Fluss … Da sagte ich mir: ›Mehr brauche ich nicht für meine Übungen.‹ Mit dieser Überzeugung ließ ich mich dort an dem Fuß eines Baumes nieder.«

Erst als der Buddha eine eigene, lange vergessene Glücksstrategie benutzte, gelang es ihm, sein Ziel zu erreichen.

Eine Umgebung, die einen glücklich macht, muss aber nicht im landläufigen Sinn »schön« sein. Mahatma Gandhi ließ sich in einer Gegend in Indien nieder, in der es besonders heiß war. Es kam ihm darauf an, genau dort zu leben, wo auch die meisten der Landsleute lebten, denen er sich zugehörig fühlte. Bei seiner Konstitution mag ihm aber auch das Klima durchaus zuträglich gewesen sein.

Was dem einen sin Ul, ist dem andern sin Nachtigall. Der Buddha und Mahatma Gandhi hätten wohl kaum miteinander tauschen können, ohne jeweils weit unter ihren Möglichkeiten zu bleiben.

Treffen Sie also Ihre eigene persönliche Wahl. Suchen Sie sich die Umgebung, in der Sie sich wohlfühlen und glücklich sind.

Das Dasein fristen in Zweckbauten

Im Urlaub suchen wir uns ganz bewusst Gegenden aus, von denen wir annehmen, dass wir uns dort wohlfühlen werden. Aber sich nur sechs Wochen im Jahr eine angenehme Umgebung zu gönnen, ist zu wenig.

Viele Menschen wählen ihren Arbeitsplatz allein nach der Bezahlung und nach den Aufstiegsmöglichkeiten aus. Dafür nehmen sie in Kauf, die restlichen 46 Wochen im Jahr in einem hässlichen Büro in einem hässlichen Zweckbau in einem hässlichen Gewerbegebiet außerhalb der Stadt zu leben. Selbst wenn es diesen Unglücklichen gelingt, sich von ihrem Einkommen ein Häuschen im Grünen leisten zu können, haben sie kaum etwas davon, weil sie eben nicht zu Hause, sondern im 13. Stock eines anonymen Hochhauses arbeiten.

Es ist traurig, in wunderbaren Straßen mit herrlichem altem Baumbestand wunderschöne Villen zu sehen, die mit Terrassen, Balkonen und großen Gärten ausgestattet sind – aber ganz offensichtlich nicht genutzt werden. Weder am »Feier«abend noch am Wochenende ist dort Leben zu beobachten. Die Besitzer scheinen mit dem Erwerb von Geld so beschäftigt zu sein, dass sie gar nicht dazu kommen, sich ihres Besitzes zu erfreuen. Ihnen fehlt die Zeit für Freunde, mit denen sie ihre Villen und Gärten nutzen könnten. Stattdessen verbringen sie ihre Zeit in denselben hässlichen Hochhäusern und Gewerbegebieten, die sie auch ihren Angestellten zumuten, mit dem einzigen Unterschied, dass sie sich in der Chefetage aufhalten und die Steinwüste, die das Hochhaus umgibt, von oben ansehen dürfen.

Tote Gewerbegebiete und anonyme Bürohochhäuser, Großraumbüros, ausgestattet mit einheitsgrauen Büromöbeln, und Einkaufszentren ohne Tageslicht, aber mit Klimaanlagen – ist es da verwunderlich, dass Menschen auf die Frage: »Wie geht's?« antworten: »Muss ja« oder »Wie immer«.

Leider ist es Architekten und Stadtplanern nicht nur gelungen, hässliche Gewerbegebiete zu schaffen. Nein, sie haben auch einstmals grüne Landschaften in fantasielose Steinwüsten verwandelt, in denen die Menschen in genormten Wohnungen mittels TV, Video und Internet »fernsehen«. Ein Blick aus dem Fenster lohnt sich auch nicht.

Auch die Einheit von Wohnen, Einkaufen und Arbeiten wurde im Laufe der Zeit weitgehend zerstört. Viele Menschen kennen urbanes Wohnen mit Tante-Emma-Läden und kleinen Handwerksbetrieben nicht mehr. Zum Einkaufen fährt man heute aufs platte Land. Dort stehen die Warencontainer mit Kunstlicht und Musikberieselung.

Ich bin davon überzeugt, dass Menschen bewusst oder unbewusst unter solchen Umgebungen leiden. Das Leben im Stau auf grauen, eintönigen Autobahnen schlägt aufs Gemüt. Deshalb bemühen sich die vielen krampfhaft lustigen Dampfplauderer im Radio, die Leute bei guter Laune zu halten, aber im Grunde genommen machen sie damit alles noch schlimmer. Diese Wiederbelebungsversuche mögen gut gemeint sein, können aber ein gutes Leben in schöner Umgebung nicht ersetzen.

Zu einer angenehmen Umgebung gehören auch freundliche, wohlwollende Menschen. Leider ist das Zusammenleben mit anderen keine Gewähr für ein glückliches Leben. Im Gegenteil –

mürrische oder aggressive Menschen sind eine Plage. Wenn man von solchen Menschen umgeben ist, ist es zwar nicht unmöglich, glücklich zu leben, aber es ist bedeutend schwerer.

Ein unfreundlicher aggressiver Ton ist in vielen Familien an der Tagesordnung. In manchen Schulen setzt sich dies fort. Lehrerinnen und Lehrer, Schülerinnen und Schüler bekriegen einander, anstatt sich gemeinsam ein angenehmes Leben und Lernen zu machen. Zensuren werden als Mittel eingesetzt, um ein Minimum an Disziplin herzustellen.

Mobbing ist inzwischen ein neues deutsches Wort geworden. In vielen Firmen arbeiten die Vorgesetzten und Angestellten nicht mehr miteinander, sondern gegeneinander. Auch die Angestellten untereinander konkurrieren, was das Zeug hält.

Gleiches in Wohnhäusern: Manche Nachbarn versuchen, den anderen das Leben zur Hölle zu machen.

Diese Liste ließe sich beliebig fortsetzen. Das unfreundliche aggressive Zusammenleben breitet sich aus bis zu Bürgerkrieg, Terrorismus und Krieg zwischen Staaten.

In solchen Verhältnissen einigermaßen glücklich zu leben kostet viel Kraft. Wesentlich leichter ist es da, sich eine schöne Umgebung mit freundlichen Menschen zu suchen.

Malen Sie sich eine Umgebung aus, in der Sie aufblühen

Jede Pflanze braucht eine bestimmte Umgebung, um zu gedeihen. Pflanzen gehen ein, wenn ihre Lebensumstände zu ungünstig sind. Wird ein Minimum ihrer Bedürfnisse erfüllt, überleben sie, aber sie entwickeln sich schlecht. Sie bleiben mickrig. Erst unter optimalen Bedingungen fangen Pflanzen an zu blühen.

Mit Menschen ist es genauso. Viele schlagen sich irgendwie

durchs Leben, frustriert und lustlos, aber sie »blühen« nicht. Sie entfalten sich nicht so, wie es für sie in einer passenden Umgebung möglich wäre.

Leben Sie beruflich und privat in einer Umgebung, in der Sie aufblühen können? Was brauchen Sie für Ihre Entwicklung? Wie müsste eine Umgebung aussehen, in der Sie sich wohlfühlen und in der Sie glücklich sein könnten?

Lassen Sie Ihrer Fantasie freien Lauf. In welchem Land, in welcher Stadt, in was für einem Haus, in was für einer Wohnung, mit welchen Möbeln würden Sie sich am wohlsten fühlen?

Was für ein Klima, im wörtlichen und im übertragenen Sinn, brauchen Sie?

Mit welchen Menschen fühlen Sie sich wohl? Haben Sie den Lebenspartner, die Lebenspartnerin, den bzw. die Sie sich wünschen? Wie sieht es mit Ihren Freunden, Nachbarn und KollegInnen aus?

Kurzum: Wen oder was brauchen Sie, um aufzublühen?

Schaffen oder suchen Sie sich eine solche Umgebung

Sobald Sie wissen, in welcher Umgebung und mit welchen Menschen Sie sich am wohlsten fühlen, können Sie anfangen, sich eine solche Umgebung zu schaffen oder zu suchen.

Lassen Sie sich Zeit dabei. Manchmal braucht man mehrere Jahre, um eine neue passende Umgebung zu finden bzw. einzurichten. Auch Rom wurde nicht an einem Tag erbaut.

2 ACHTEN SIE DARAUF, DASS SIE SICH WOHLFÜHLEN

Sich wohlfühlen trotz körperfeindlicher Kultur

Wenn ich in diesem Buch von Wohlfühlen und Wohlbefinden spre-
che, meine ich in erster Linie den Körper. Mit Glück bezeichne ich
den gesunden optimalen Zustand des Geistes. Man fühlt sich (körperlich) wohl und ist (geistig) glücklich.

Diese Unterscheidung dient der Orientierung. Will man etwas
für sein Wohlbefinden tun, muss man auf seinen Körper achten.
Um glücklich zu sein, muss man sich dagegen dem Geist zuwenden.

Leider leben wir in einer körperfeindlichen Kultur. Körperliche
Lust ist den meisten Religionen verdächtig. Sinnliche Genüsse gel-
ten als lasterhaft und sündig. Das Verhältnis zur Sexualität ist in
vielen Kulturen gestört und pervertiert. Die Vermischung von Gewalt
und Sexualität ist ein Zeichen dieser Verwirrung.

In unserer alltäglichen Kultur zeigen sich viele Aspekte der Kör-
perfeindlichkeit. Männer würgen mit Krawatten ihre Hälse. Frauen
verkrüppeln mit engen Schuhen und hohen Absätzen ihre Füße.
Diverse Sitzmöbel zwingen Menschen in unnatürliche Haltungen.
Überhaupt ist das übermäßige Sitzen und Stehen ein Zug unseres
Lebens geworden. Das bequemere Liegen auf Chaiselongues, Otto-
manen (ausgestorbene Begriffe!) oder einfach auf dem Bett gilt als
faul und lasterhaft.

Das sinnliche Leben wurde und wird immer wieder verteufelt.
Nicht nur im Christentum, auch im Buddhismus wird sinnliche Lust

beargwöhnt. Menschen haben Angst, den schönen und angenehmen Dingen zu verfallen, süchtig nach ihnen zu werden. Dabei sind es nicht die Dinge an sich, die die Menschen reizen, sondern Verführung oder Standhaftigkeit hängen von Gedanken, von der inneren Einstellung ab. Obwohl bereits die alten Griechen den wahren Zusammenhang kannten (Epiktet: »Nicht die Dinge beunruhigen die Menschen, sondern ihre Meinung von den Dingen«), meinte die Mehrheit der Menschen, sich vor der Schönheit der Dinge und der ihnen angeblich innewohnenden Verführung schützen zu müssen. Männer zwangen Frauen, ihre Schönheit zu verhüllen. Bei sich selbst hielten sie eine Verhüllung nicht für erforderlich. Angenehme Speisen, Getränke, Klänge, Düfte, Berührungen und Anblicke wurden zeitweise aus dem Alltag verbannt. Die Welt sollte lieber unangenehm und hässlich sein. Arbeit, Mühe und Anstrengung, alles, was Menschen quälen konnte, gewann an Wertschätzung.

Nicht alle Kulturen dieser Erde sind diesem Wahnsinn zum Opfer gefallen. Zahlreiche Länder pflegen bis heute einen besseren Umgang mit ihrem Körper, als dies bei uns im Allgemeinen üblich ist. Durch den Informationsaustausch, der im 20. Jahrhundert sprunghaft zugenommen hat, können wir heute Kulturtechniken wie Yoga und Tai Chi kennenlernen. Niemand ist gezwungen, an Drillgymnastiken oder Marathonläufen teilzunehmen.

Was können Sie im Moment tun, um sich wohler zu fühlen?

Sie können jederzeit Ihr körperliches Wohlbefinden einschätzen. Wo stehen Sie auf einer Skala von 0 bis 10? Was würde Ihnen helfen, einen Punkt weiter nach oben zu kommen? Fast immer gibt es auf der Wohlfühl-Skala Raum für Verbesserungen. Als kleine Anregung empfehle ich Ihnen, Ihr Gesicht zu entspannen. Legen Sie die Zungenspitze leicht hinter die oberen Schneidezähne. Heben Sie die Augenbrauen leicht an, so wenig, dass jemand, der Sie beobachtet, es überhaupt nicht bemerken würde. Atmen Sie langsam und lang aus.

Sie könnten auch ab und zu Ihren Körper durchspüren, angefangen von den Füßen über die Beine, den Bauch, Rücken, von den Händen über die Arme bis zum Hals und Gesicht. Dabei erhalten Sie viele Informationen. Die Augen können Sie beim Durchspüren des Körpers schließen oder auch offen lassen, ganz wie Sie es mögen. Es ist keine heilige Handlung. Sie können dies auch beim Warten an einer Kasse oder zwischendurch bei der Arbeit machen, natürlich nicht, wenn Ihr Handeln Ihre volle Aufmerksamkeit erfordert. Bei einfachen Routinetätigkeiten wie dem Zähneputzen oder Geschirrspülen kann es dagegen interessant sein, die Aufmerksamkeit zwischen dem Tun und der Wahrnehmung des Körpers hin und her wandern zu lassen. Oft bemerkt man dabei völlig unnötige Anspannungen im Körper, die man loslassen kann. Ihr Körper wird es Ihnen mit einem Aufatmen danken.

Solange es Ihnen gelingt, locker und entspannt zu bleiben, werden viele unangenehme Ereignisse des Tages einfach an Ihnen abperlen.

Geben Sie doch Ihrem Körper eine Chance, sich wohlzufühlen.

Erholsamer Schlaf

Wer in unserer Gesellschaft 10 Stunden am Tag schläft, womöglich ein Mittagsschläfchen hält, gilt als Faulpelz. Dynamische Menschen dürfen höchstens 7 bis 8 Stunden schlafen. Wer sich rühmt, sogar mit noch weniger Schlaf auszukommen, ist ein wahrer Held. Menschen wie Edison und Napoleon, als angebliche Kurzschläfer bekannt, werden als vorbildlich hingestellt.

Wir Normalmenschen müssen dagegen einen Wecker, vielleicht sogar zwei oder drei, stellen, um morgens aus dem Bett zu kommen. Was für eine Schande!

Moderne Fitnessbücher, von Triathleten und Marathonläufern verfasst, widmen sich ausführlich der »richtigen« Ernährung mit »Nahrungsergänzungsmitteln«. Auch Bewegungs-, Kraft- und Ausdauerprogramme werden von ihnen in aller Breite dargestellt. Dann noch ein Kapitelchen über positives Denken und Meditation, und fertig ist die Laube.

Und was ist mit dem Schlaf? Wieso Schlaf? Wollen Sie etwa zu diesen langweiligen Typen gehören, die ihr Leben im Bett verbringen, anstatt mit Lachmaske in der Gegend herumzuspringen?

Wenn man richtig dazugehören will, braucht man »Upper«, um wach zu werden, und »Downer«, um einzuschlafen. Ein bisschen Kokain hier, ein Tässchen Kaffee dort, Tranquilizer und Alkohol garantieren einem Ecstasy pur.

Falls sich das Glück dann immer noch nicht einstellt, bringt es vielleicht Prozac. Hauptsache, das Image stimmt. Wie es dahinter aussieht, kann man bei Bedarf ja immer noch dem Arzt oder Apotheker erzählen.

Der kanadische Psychologe Stanley Coren hat ein wunderbares Buch mit dem Titel ›Die unausgeschlafene Gesellschaft‹ geschrieben. Darin stellt er klar, dass Schlaf keine vernachlässigbare Größe, sondern essenziell wichtig für unser Wohlbefinden ist. Keine Chemie der Welt, kein Ausdauertraining, keine Nahrungsergänzung und kein positives Denken können ihn ersetzen.

Wer mit einem Schlafdefizit herumläuft, kann irgendwann nicht mehr richtig denken. Ist das nicht beunruhigend, wenn man bedenkt, dass unsere Politiker sich mit Verhandlungsmarathons bis in die Morgenstunden brüsten?

Auto-, Lkw- und Busfahrer mit hohem Schlafdefizit schlafen

sogar am Lenkrad ein. Kapitäne auf Öltankern, Ingenieure in Atomkraftwerken dämmern völlig übermüdet sanft hinweg, während ihre Schiffe und Atommeiler havarieren. Vielleicht sollten wir das Heldentum unserer Kurzschläfer doch einmal neu bewerten.

Werden Sie ohne Wecker wach? Wenn nicht, könnte dies ein Zeichen für Schlafmangel sein. Gönnen Sie sich mehr Schlaf und achten Sie darauf, ob dies Einfluss auf Ihr körperliches Wohlbefinden hat.

Auch eine Siesta am Mittag oder nach der Arbeit kann Schlafdefizite ausgleichen. So hat es der berühmte »Kurzschläfer« Edison gemacht. Er schlief zwar nur vier Stunden in der Nacht, genehmigte sich aber zwei »Nickerchen« von jeweils drei Stunden im Laufe des Tages.

Wohltuende Ernährung

Löwen wie auch Elefanten sind Tiere. Trotzdem ernähren sich Löwen anders als Elefanten. Geranien und Kakteen sind Pflanzen. Trotzdem brauchen Geranien eine andere Ernährung als Kakteen. Wer ist eigentlich auf die Idee gekommen, dass es für alle Menschen eine einzige optimale Ernährung gibt? Wenn Pflanzen mangelernährt sind, blühen sie nicht. Menschen, die das für sie Falsche essen, entwickeln sich auch nicht optimal. Kopfschmerzen, Verdauungsprobleme, Hautkrankheiten können durch die Ernährung verursacht sein. Sie beeinträchtigen das Wohlbefinden. Deshalb lohnt es sich, die Ernährung herauszufinden, bei der sich der eigene Körper richtig wohlfühlt.

Achten Sie einmal darauf, wie Sie sich nach dem Essen fühlen. Was bekommt Ihnen gut, was schlecht? Die Empfehlung, die sich daraus ergibt, ist einfach: Essen Sie mehr von dem, was Ihr Wohlbefinden, Ihre Fähigkeit, munter in der Gegend herumzulaufen, steigert. Lassen Sie das weg, was Sie müde, krank und elend macht.

Das Wort »Gesundheit« ist verwandt mit »geschwind«. Tun Sie alles, was Sie geschwind macht. Schlafen Sie genug und essen Sie, was Ihnen bekommt.

Angenehme Bewegungen

Achten Sie darauf, Ihren Körper ausreichend zu bewegen, weder zu viel noch zu wenig. Am besten hören Sie dabei auf ihn. Er schnurrt wohlig, wenn Sie ihm die für Sie richtigen Bewegungen in der richtigen Dosierung geben.

Vermeiden Sie geistlose Bewegungen. Manche Menschen langweilen sich beim Sport. Deshalb sehen sie auf ihrem Hometrainer fern oder tagträumen vor sich hin. Dann sollte man sich lieber eine andere Sportart suchen und mehr Spaß an der Bewegung entwickeln.

Sie haben richtig gelesen: Es kann Spaß machen, sich zu bewegen. Machen Sie, sobald Sie der Schule und Ihrem Sportverein entkommen sind, einen neuen Anfang mit sanften und angenehmen Bewegungen. Ich empfehle Ihnen, es einmal mit der Feldenkraismethode oder mit Tai Chi zu versuchen. Inzwischen gibt es in allen Großstädten ein umfangreiches Angebot an sanften Bewegungsmethoden. Probieren Sie aus, was zu Ihnen passt.

Vielleicht haben Sie auch Lust, es einmal mit einer jahrtausendealten und bewährten Sportart zu versuchen: dem einfachen Gehen auf zwei Füßen. Sie brauchen dazu keine Spezialausrüstung (auch keinen Hund!). Es kostet keine Gebühren. Und wenn Sie nicht gerade neben einem Industriewerk wohnen, atmen Sie dazu noch frische Luft ein. Die Sache hat allerdings einen großen Nachteil: Das einfache Gehen auf zwei Füßen ist überhaupt nicht prestigeträchtig. Aber Sie können es ja geheim halten. Erzählen Sie den anderen einfach, dass Sie radfahren, rollerskaten, inlineskaten, rollschuhfahren, schlittschuhlaufen, joggen oder (wow!) walken, und zwar mit Ihrem *personal trainer*, der Ihnen einen individuellen Trainingsplan ausgearbeitet hat, natürlich nach Rücksprache mit Ihrem Arzt und Ihrem Apotheker.

Behagliche Entspannung

Die meisten Menschen sind inzwischen daran gewöhnt, den ganzen Tag ohne Pause umherzuhetzen, atem- und ruhelos. Falls Sie dazugehören, halten Sie inne. Gönnen Sie sich Erholungspausen und denken Sie darüber nach, was in Ihrem Leben wirklich wichtig ist. Streichen Sie das Unwichtige rigoros weg. Dann haben Sie die nötige Zeit zur Muße.

Lernen Sie, sich zu entspannen, wo Sie gehen und stehen. Dabei können Ihnen zwei Dinge helfen.

Erstens: Atmen Sie mit dem Bauch. Natürlich atmen Sie mit der Lunge, und alle Muskeln sind mehr oder weniger an der Atmung beteiligt. Insofern gibt es weder eine reine Brust- noch Bauch- noch Sonstwie-Atmung. Aber wenn man das Zwerchfell beim Einatmen entspannt, wölbt sich der Bauch ein bisschen nach außen, und diese Art der Atmung ist entspannend, beruhigend und effektiver. Sie können es erst einmal im Liegen ausprobieren, indem Sie eine Hand auf die Brust und die andere auf den Bauch legen. Nun sollte sich die Hand, die auf dem Bauch liegt, mehr heben als die andere. Das ist alles. Merken Sie sich, wie sich das anfühlt, und dann machen Sie dasselbe ohne die Hände auf dem Körper. Und am besten atmen Sie von nun an überhaupt nicht mehr anders. Achten Sie ab und zu auf die Art und Weise, wie Sie atmen, vor allem in der U-Bahn, in Warteschlangen und bei ähnlichen »unausgefüllten« Momenten.

Zweitens: Spüren Sie immer mal wieder Ihren Körper durch, von den Zehenspitzen bis zu den Haarspitzen. Sobald Sie dabei feststellen, dass Sie Ihre Beine, Arme oder die Wirbelsäule wieder einmal total verdreht haben, entspannen und entkrampfen Sie sich. Gleiches tun sie mit dem Gesicht. Es ist nicht nötig, die ganze Zeit die Augenbrauen hochzuziehen oder zusammenzukneifen, die Mundwinkel nach unten zu ziehen usw.

Machen Sie aus all dem kein Dogma. Sie dürfen sich verkrampfen. Sie *müssen nicht* die ganze Zeit locker und entspannt sein.

Schmerzen lindern

Jeder Mensch erlebt im Laufe seines Lebens körperliche Schmerzen. Es ist leichter, ein glückliches Leben zu führen, wenn man weiß, wie man Schmerzen lindern kann, und wenn man dieses Wissen gegebenenfalls auch anwendet.

Ich gebe hier gern die Empfehlungen der Deutschen Schmerzliga wieder, die mir ganz hervorragend scheinen (zitiert nach ›Psychologie heute‹):

– Überlassen Sie nicht alles den ÄrztInnen und TherapeutInnen. Übernehmen Sie Verantwortung. Werden Sie Experte in eigener Sache.
– Achten Sie darauf, was Ihre Schmerzen lindert.
– Lenken Sie sich von Ihren Schmerzen ab. Beschäftigen Sie sich mit neuen und anregenden Dingen.
– Wenn Sie erschöpft oder gelangweilt sind, nehmen die Schmerzen zu. Sorgen Sie für einen Ausgleich zwischen Aktivität und Ruhe.

- Wappnen Sie sich rechtzeitig gegen Rückschläge. Überlegen Sie sich in guten Tagen, was Sie tun wollen, wenn es Ihnen nicht so gut geht.
- Beistand kann sehr tröstlich sein, wenn es einem schlecht geht. Suchen Sie sich Unterstützung.
- Schmerzen belasten besonders, wenn es nichts Erfreuliches im Leben gibt. Suchen Sie sich immer etwas, worauf Sie sich freuen können.
- Unternehmen Sie etwas, was Ihnen Spaß macht. Lassen Sie sich durch Ihre Schmerzen so wenig wie möglich davon abhalten.
- Werden Sie körperlich aktiv. Dies trägt zur Schmerzkontrolle bei.
- Arbeiten Sie in einer Selbsthilfegruppe mit. Nehmen Sie Kontakt zu anderen Menschen auf, damit der Schmerz Sie nicht isoliert.
- Gönnen Sie sich für jeden kleinen Sieg über den Schmerz eine Belohnung.

Hinzufügen möchte ich, dass die Glücksstrategien dieses Buches ebenfalls geeignet sind, körperliche Schmerzen leichter zu ertragen.

3 WENDEN SIE SICH DEM GLÜCK ZU

Die Einheit der Gegensätze

Glück und Unglück sind zwei Seiten einer Medaille. Die Buddhisten haben einerseits recht, wenn sie immer wieder betonen, dass Krankheit, Alter und Tod Grundtatsachen des Lebens sind. Andererseits ist ihre Sicht einseitig. Auch Geburt, Jugend und Gesundheit gehören zu jedem Leben.

Wir erfahren im Leben Freude und Leid. Wir lernen das Schlechte, Verlogene und Hässliche kennen, aber auch das Gute, Wahre und Schöne.

Es gibt Krieg und Frieden in der Welt. Beides existiert gleichzeitig. Das Schlagwort »Frieden ist unteilbar« ist falsch. Selbst die beiden Weltkriege sind trotz ihres gewaltigen Ausmaßes regional begrenzt gewesen. So paradox dies erscheinen mag: Der Krieg ist vom Frieden abhängig. Wenn überall Krieg wäre, würden Bauern nichts mehr ernten und die Soldaten verhungern. Deshalb liegt es im militärischen Interesse, dass es Regionen gibt, in denen das Leben friedlich weitergeht.

Auch Feindschaft und Liebe existieren nebeneinander. Erfolg und Misserfolg, Armut und Reichtum sowie alle anderen Gegensätze gehören zusammen. Das eine ist ohne das andere nicht denkbar.

Yin – Yang

Die Taoisten haben ein Symbol für diese Einheit der Gegensätze. Ein weißes und ein schwarzes Feld sind ineinander verschlungen und bilden zusammen eine vollkommene Form: einen Kreis.

Die eine Hälfte, Yin, steht für das Weibliche, die andere, Yang, für das Männliche. Alle Eigenschaften dieser Welt werden entweder Yin oder Yang zugeordnet. Wenn die beiden Kräfte im Gleichgewicht sind, entsteht Harmonie.

Besonders interessant ist, dass die beiden Hälften nur scheinbar getrennt sind. In Wirklichkeit trägt das Weiße das Schwarze und das Schwarze das Weiße in sich, dargestellt durch kleine Punkte in den jeweiligen Feldern.

Was folgt daraus für unser Thema? Schauen wir uns einmal das folgende Bild an. Was sehen Sie hier?

Sofort springt einem der schwarze Punkt ins Auge. Viel größer ist jedoch die weiße Fläche. Ohne den weißen Kontrast könnten wir den schwarzen Punkt überhaupt nicht sehen.

Erkennen Sie die Parallele? Auch jedes Problem fällt einem

schnell auf. Wir entdecken sofort das Haar in der Suppe. Dabei übersehen wir, dass die meisten Bereiche unseres Lebens ein Grund zur Freude sind.

Manchmal ist es angesichts von Problemen, als stünden wir vor einer Mauer, so nah, dass wir sie mit der Nase fast berühren. In dieser Position halten wir die Mauer für riesig und unüberwindbar. Aber sobald wir ein paar Schritte zurücktreten, also Abstand gewinnen, sehen wir, dass die Mauer in Wirklichkeit kein Hindernis bildet. Es gibt genügend Wege über das Hindernis oder darum herum.

Betrachten wir das nächste Bild.

Wir könnten dieses Bild »Das Glück im Unglück« nennen. Auch wenn die schwarze Fläche dominiert, so gibt es doch eine erfreuliche Ausnahme. Das Unglück ist nicht vollkommen.

Frei wählen

Wenn wir jetzt noch einmal das Yin-Yang-Symbol betrachten, erschließen sich uns mehrere Bedeutungen. Als Erstes nehmen wir das Gesamtbild wahr, bestehend aus Glück und Unglück. Im Glück erkennen wir ein Pünktchen Unglück, umgekehrt nehmen wir im Unglück auch ein Fleckchen Glück wahr. Nichts ist vollkommen, weder das Glück noch das Unglück.

Wir können wählen, worauf wir uns konzentrieren wollen. Mit

genügend Abstand erkennen wir beides: Glück und Unglück existieren nebeneinander. Fehlt uns der Abstand, sehen wir nur das Glück oder das Unglück. Mit geschulter Aufmerksamkeit bemerken wir das Glück im Unglück und das Unglück im Glück. Was wir wahrnehmen, hängt nicht vom Bild ab, sondern von unserer Auswahl.

Manchmal sehen wir nur das Unerfreuliche. Wir neigen gelegentlich zu der Meinung, alles sei schwarz. Wir können uns jedoch jederzeit davon abwenden und dem Erfreulichen zuwenden, entweder dem Glück, das neben dem Unglück existiert, oder dem Glück im Unglück.

Wenn wir im Glück schwelgen, vergessen wir leicht alles, was es trüben könnte. In Wirklichkeit sind da immer ein paar Flecken. Wir nehmen sie nur nicht wahr. Das ist auch gut so. Früher nahmen Psychologen an, Realismus sei gesund, und man solle sich immer aller erfreulichen wie unerfreulichen Dinge bewusst sein. Heute stellen sie fest, dass die tüchtigsten, erfolgreichsten und gesündesten Menschen die Realität leicht verzerrt wahrnehmen. Sie sehen vor allem das Erfreuliche und ignorieren die Aspekte, die das Glück stören könnten.

Wir haben auch die Wahlmöglichkeit, uns vom Glück abzuwenden und dem Negativen zuzuwenden. Wir können dies in konstruktiver Weise tun, um zu erkennen, was sich verbessern ließe. Destruktiv wird die Beschäftigung mit dem Negativen erst, wenn wir ständig das Haar in der Suppe suchen. Da wir jedoch in einer unvollkommenen Welt leben, werden wir stets etwas Unerfreuliches finden. Kritiker gewinnen immer. Sie haben leichtes Spiel. Ob sie mit ihrer Wahrnehmung der Dinge glücklich werden, ist eine andere Frage.

Bestimmte indianische Teppichknüpfer machen ganz bewusst Webfehler, weil sie der Meinung sind, die Götter würden es nicht mögen, wenn sie versuchten, etwas Vollkommenes herzustellen.

Ob uns etwas perfekt vorkommt, das hängt davon ab, wie genau wir hinsehen. Medizinische Diagnosemöglichkeiten zum Beispiel sind heute viel genauer als in früheren Zeiten. ÄrztInnen können viel mehr Informationen über die Körper ihrer PatientInnen gewinnen als früher. Das Ganze hat aber einen Pferdefuß. Je mehr die ÄrztInnen erkennen, desto mehr Abweichungen von der Norm stellen sie fest. Was aber bedeuten die Abweichungen? Müssen sie behandelt oder beobachtet werden? Wann stellt eine mikroskopisch kleine Abweichung eine Krankheit dar? Im Prinzip erkennen die Ärzte erst einmal, dass der menschliche Körper nicht vollkommen ist. Wie sie diese Tatsache bewerten sollen, darüber sind sie sich nicht einig. Unvollkommene ÄrztInnen betrachten mithilfe unvollkommener Methoden die unvollkommenen Körper ihrer unvollkommenen PatientInnen. Das ist der ganze Schlamassel.

Die Sehnsucht nach Vollkommenheit

Menschen haben sich immer eine vollkommene Welt gewünscht und Gründe dafür gesucht, warum die Wirklichkeit nicht ihren Wünschen entspricht.

Interessant ist, wo Menschen das Paradies überall vermutet haben und noch vermuten. Manche meinen, in früheren Zeiten müsse es paradiesisch gewesen sein, vor der Industrialisierung, vor der Umweltverschmutzung. Andere gehen noch weiter zurück und vermuten das Paradies in vorgeschichtlicher Zeit, über die es keine Zeugnisse gibt.

Wiederum andere glauben, dass das Paradies auf Erden erst noch errichtet wird. Wann und unter welchen Umständen jedoch, das ist nicht sicher. Wird ein Erlöser kommen, oder war er schon da? Diese Frage ist unter Gläubigen umstritten.

Einige setzen auf die Wissenschaften, insbesondere auf die Naturwissenschaften. Durch weiteren technischen Fortschritt auf allen Gebieten hoffen sie, in naher oder ferner Zukunft alle Probleme lösen zu können und so das Paradies auf Erden inklusive Unsterblichkeit und ewigem Glück schaffen zu können.

Andere, die ein Paradies auf Erden für illusionär halten, vermuten Vollkommenheit in einer jenseitigen Welt. Ob jene Welt der hiesigen ähnelt oder menschliche Vorstellungskraft übersteigt, ist wiederum umstritten.

Das Paradies konnte stets nur in der Vergangenheit oder in der Zukunft oder in einem Jenseits angesiedelt werden; denn die Gegenwart und die hiesige Welt waren immer unvollkommen und beklagenswert.

Wer ist für das Leiden verantwortlich? Auch über diese Frage wird immer wieder nachgedacht. Man selbst? Die anderen? Die Eltern? Die Verhältnisse? Die Regierung? Gott oder mehrere Götter, die womöglich im Streit miteinander liegen?

Vielleicht sind der Wunsch nach Vollkommenheit und die Vorstellung eines Paradieses das eigentliche Problem. Illusionen müssen zur Ent-Täuschung führen. Vollkommenheit ist ein Maßstab, dem die Welt nicht gerecht werden kann.

Nichts und niemand ist perfekt. Diese Tatsache ist leichter zu akzeptieren, wenn man sich auf das Gute und Erfreuliche konzentriert. Das Yin-Yang-Symbol erinnert uns daran, dass das Glück allgegenwärtig ist. Wir können es jederzeit und überall finden. Es liegt an uns, ob wir uns dem Glück oder dem Unglück zuwenden. Beides existiert stets nebeneinander. Wir haben die Wahl.

Was ist im Moment erfreulich?

Den meisten Menschen fällt es leicht, ein Haar in der Suppe zu finden. Ebenso leicht etwas zu finden, worüber man sich freuen kann, ist für viele ungewohnt. Diese Fähigkeit kann man aber trainieren. »Was ist im Moment erfreulich?« Diese Frage lenkt die Aufmerksamkeit auf die schönen Seiten des Lebens, die wir leicht übersehen.

Falls Sie viele Probleme haben, könnten Sie sich mit der Frage beschäftigen, was so bleiben kann, wie es ist. Dabei werden Sie im Allgemeinen feststellen, dass nicht alles schlecht ist und geändert werden muss.

Machen Sie sich aber darauf gefasst, dass Sie bei schlechter Laune dazu neigen zu antworten: »Nichts kann so bleiben. Alles ist Mist.« Sie müssen sich in solchen Augenblicken schon wirklich auf die Fragen einlassen. Erst ändern sich die Gedanken und dann nach einiger Zeit auch die Gefühle.

Manchmal ist man auch einfach nicht bereit, sich mit erfreulichen Dingen zu beschäftigen. Dann sollte man sich die Problemorientierung uneingeschränkt erlauben. Man hat schließlich die Wahl. Niemand muss zwanghaft glücklich sein und andauernd lächeln oder schöntun. Negativität kann richtig erholsam sein. Auch das Gute, Wahre und Schöne kann einem manchmal »auf den Geist gehen«. Wir leben von der Abwechslung. So wie der Körper sowohl Anspannung als auch Entspannung braucht, so verlangt der Geist möglicherweise das Negative wie das Positive. Die Sinne bleiben nur wach durch den Kontrast.

Sie können dies einmal ausprobieren. Nehmen Sie einen beliebigen Gegenstand und halten Sie ihn vor Ihre Augen. Sehen Sie ihn unverwandt an. Nach einiger Zeit wird er undeutlich. Sie haben Mühe, ihn überhaupt noch wahrzunehmen. Er scheint zeitweise zu verschwinden. Genauso ist es mit der Wahrnehmung von Glück und Unglück. Es wäre unmöglich, die ganze Zeit 100-prozentig glücklich zu sein. Umgekehrt schafft es aber auch niemand, ununterbrochen maximal unglücklich zu sein. Selbst der größte Grantler muss mal eine kurze Pause einlegen und sich an etwas erfreuen, und wenn es die Freude an seiner Grantelei ist.

Ziehen Sie daraus aber keine falschen Schlüsse. Man muss nicht vom Glück zum Unglück wechseln. Man kann auch ein Glück durch ein anderes ersetzen oder einfach Zeiten einlegen, in denen man weder glücklich noch unglücklich ist.

Gute Nachrichten

Eine vortreffliche Übung, das Gute zu suchen, bieten die Tageszeitungen. Wenn Sie es bisher als belastend empfanden, jeden Tag die neuesten Katastrophenmeldungen zu lesen, machen Sie sich ein Hobby daraus, Ihren Sinn für das Gute und Erfreuliche zu entwickeln, indem Sie Ihre Tageszeitung sehr aufmerksam lesen. Die guten Meldungen sind zwar in der Unterzahl, aber spüren Sie sie auf. Suchen Sie täglich drei gute Nachrichten in der Presse, über die Sie sich freuen können.

Unterscheiden Sie dabei zwischen Fakten und Meinungen. Eigentlich sollte eine gute Zeitung immer nur über Tatsachen berichten. Aber wir leben in einer unvollkommenen Welt mit unvollkommenen Zeitungen. Ständig werden Tatsachen und Meinungen miteinander vermischt. Die Schlagzeile »Grauenhaftes Zugunglück – 100 Menschen sterben« enthält mehr als reine Tatsachen. Eine höchst dramatische Bewertung wird gleich mitgeliefert. Die Tatsachen sind: Zug, 100 Tote. »Grauenhaft« und »Unglück« sind Kommentare zur Nachricht. Für den Leichenbestatter ist das »Unglück« ein Riesengeschäft und lohnend dazu, auch wenn es für ihn geschäftsschädigend wäre, dies offen zu zeigen.

Bewerten Sie die Dinge, wie Sie persönlich es für richtig halten. Sie können sich den Kommentaren Ihrer Zeitung anschließen oder auch nicht. Wenn der Zug mit 300 Personen besetzt war, haben 200, also die meisten, überlebt. Im Sinn des Yin-Yang-Symbols ist dies die weiße Hälfte des Ganzen.

Sehr oft wird in diesem Zusammenhang auch die folgende Geschichte erzählt: Ein armer Bauer besitzt nicht viel mehr als sein Pferd. Dies Pferd läuft eines Tages davon. Die Leute sagen: »Was für ein Unglück!« Der Bauer sagt: »Unglück? Ich weiß nicht.« Ein paar Tage später kehrt das Pferd zurück, aber nicht allein. Einige Wildpferde haben sich ihm angeschlossen. Der Bauer besitzt nun mehrere Pferde. Die Leute sagen: »Was für ein Glück!« Der Bauer sagt: »Glück? Ich weiß nicht.« Der Sohn des Bauern reitet die Wildpferde zu. Dabei wirft ihn ein Pferd ab. Er verletzt sich bei dem Sturz so schwer, dass er sein Leben lang nur noch humpeln kann. Die Leute sagen: »Was für ein Unglück!« Der Bauer dagegen: »Unglück? Ich weiß nicht.« Danach bricht in dem Land ein Krieg aus. Alle gesunden jungen Männer werden zum Kriegsdienst eingezogen. Der Sohn des Bauern kommt nicht in Frage. Glück?

Lernen Sie auch, in Ihrer Zeitung zwischen den Zeilen zu lesen. Welche positiven Meldungen werden verschwiegen? Täglich sind Millionen Flugzeuge, Züge, Autos und Schiffe unterwegs, und mehr als 99,99 Prozent erreichen unbeschadet ihr Ziel. Die guten Meldungen muss man sich selber suchen. Machen Sie sich ein neues Hobby daraus.

Die positiven Ausnahmen

Wenn »alles« deprimierend zu sein scheint, suchen Sie die Ausnahmen. Alle Männer sind gemein? Suchen Sie die Ausnahmen. Alle Frauen sind zickig? Suchen Sie die Ausnahmen.
Alle Arbeitgeber sind Ausbeuter? Alle Politiker korrupt? Suchen Sie die Ausnahmen.

Sie werden lachen, mir ist es ernst

Ist das Leben eine Tragödie oder eine Komödie?

Shakespeare schrieb, die ganze Welt sei eine Bühne, und alle Männer und Frauen seien bloße Spieler. Sie hätten ihre Auftritte und Abgänge und würden im Leben viele Rollen spielen. Das ist nicht schlecht gesagt.

Der französische Regisseur Louis Malle (1932–1995) hat einen Dokumentarfilm über Kalkutta gedreht. Darin kann man Folgendes sehen: Verfeindete Gruppen bekämpfen sich auf der Straße. Schlagartig unterbrechen sie ihren Kampf, als eine Prozession die Straße entlangzieht. Alle schauen wie hypnotisiert zu, bis der Zug die Straße wieder verlassen hat und die Kämpfer, die eben noch friedlich nebeneinander standen, ihre Gewalttätigkeiten fortsetzen. Eine Szene wie auf einer Bühne. Kaum zu glauben, dass die Beteiligten es wirklich ernst meinen.

Das Bühnenhafte im Leben kann einem auch in der U-Bahn bewusst werden. Jeder Wagen hat sein eigenes Licht, sein eigenes Dekor und seine eigenen Darsteller. Die Atmosphäre unterscheidet sich von Wagen zu Wagen. In einem Wagen herrscht eine stille, ernste Atmosphäre, in einem anderen eine heitere, ausgelassene Stimmung. Es ist faszinierend zu erleben, wie allein in einem einzigen

U-Bahn-Zug dicht nebeneinander mehrere »Welten« existieren. Sie können dies selber erfahren, indem Sie bei einer Fahrt von Station zu Station den Wagen wechseln.

Wenn Sie nun die Wahl zwischen Tragödie und Komödie haben, warum entwickeln Sie nicht Ihren Sinn für das Komische im Alltag?

In seinem Film ›Stardust Memories‹ fragt Woody Allen in einer existenziellen Sinnkrise die Götter, ob er Missionar werden und gegen den Hunger in der Welt kämpfen soll. Die Götter antworten: »Nein, dafür bist du nicht der Typ. Wenn du die Welt verbessern willst, mach' bessere Witze.« Woody Allen würde lieber Ingmar-Bergman-Filme drehen. Dann müsste er aber die komischen Seiten, die er dem Leben abgewinnt, unterdrücken. Das schafft er zum Glück nicht.

Beschäftigen Sie sich mit den lustigsten Komödien, die Sie im Kino, im Theater und in der Literatur finden können. Entdecken Sie das Lustige, Groteske und Komische. Sehen Sie die Dinge mit einem lachenden und einem weinenden Auge. Das Leben ist oft Tragödie und Komödie zugleich.

Sich für das Glück entscheiden

Das Yin-Yang-Symbol erinnert uns daran, dass Glück und Unglück nebeneinander existieren. Weder Glück noch Unglück sind vollkommen.

Wir können unsere Aufmerksamkeit auf das Glück oder das Unglück, auf das Glück im Unglück oder auf das Unglück im Glück oder auf alles zusammen richten. Wir haben die Wahl.

Unsere Fantasie färbt die Realität so oder so ein. Beispielsweise können wir an einem makellosen Strand liegen und dabei in Gedanken einen Alptraum ablaufen lassen, vielleicht angeregt durch ein

Buch oder eine Zeitung. Mittels unserer Phantasie können wir uns die schönste Gegenwart verleiden.

Umgekehrt liegen wir vielleicht mit Schmerzen im Krankenhaus. In unserer Fantasie können wir aber bereits wieder gesund und munter durch die Gegend laufen und unsere Realität dadurch etwas aufhellen.

Ob es uns bewusst ist oder nicht, wir haben die Wahl. Wir können uns glücklich oder unglücklich machen. Von allein entsteht weder das eine noch das andere. Die Umstände, wie beispielsweise Urlaubsparadiese, können uns nicht glücklich machen. Wenn wir sie nicht sehen, sondern uns auf die dunklen Wolken am Himmel konzentrieren oder an etwas Trauriges denken, machen wir uns unglücklich. Ein Problem, wie etwa eine Krankheit, kann uns nicht unglücklich machen. Wenn wir sie ausblenden und uns auf die Hilfe, die uns zuteil wird, oder auf eine bessere Zukunft konzentrieren, empfinden wir Freude.

Man muss sich nicht auf die unglücklichen Dinge fixieren. Man kann sich davon abwenden und etwas Erfreulichem zuwenden.

Die Welt ist bunt und vielfältig. Man wählt bewusst oder unbewusst aus, womit man sich beschäftigen will. Wenn die Außenwelt uns nichts Befriedigendes bietet, kann man sich an glückliche Zeiten erinnern oder von einer glücklichen Zukunft träumen.

Diese Wahlmöglichkeiten bestehen immer. Unsere innere Freiheit und unsere Fantasie kann uns niemand nehmen. Die Gedanken sind frei, wie es so schön heißt. Leider nutzen wir diese Freiheit oft zu unserem Nachteil. Wir wenden uns dem zu, was uns unglücklich macht. Anstatt das Unerfreuliche so schnell wie möglich loszulassen, halten wir daran fest. Wir bilden uns dann oft auch noch ein, dass es keine anderen Möglichkeiten gebe.

Oft lassen wir unsere Fantasie gegen uns arbeiten. Wir sehen uns scheitern, sterben tausend Tode, malen uns eine schlechte Zukunft aus oder erinnern uns an schmerzliche Zeiten. Und dann wundern wir uns, dass es uns schlecht geht.

Damit Ihnen das nicht passiert, halten Sie sich an Folgendes:

— Wählen Sie überall das aus, was Sie am glücklichsten macht.
— Wenn Sie eine schlechte Wahl getroffen haben, müssen Sie nicht daran festhalten. Klammern Sie sich nicht an Verhältnisse und Menschen, die Sie nicht mögen. Machen Sie sich Ihre Möglichkeiten klar und treffen Sie eine neue Auswahl.
— Lassen Sie alle unglücklichen Erinnerungen los. Beschäftigen Sie sich mit der Gegenwart oder der Zukunft. Leben Sie im Hier und Jetzt oder blicken Sie nach vorn.
— Stellen Sie sich eine gute Zukunft vor. Die pessimistischen Zukunftserwartungen überlassen Sie anderen. Natürlich können und werden Sie auch an Schwierigkeiten denken. Aber bleiben Sie nicht dabei stehen. Überlegen Sie sich Lösungen für Ihre Probleme. Gehen Sie davon aus, dass es in jeder Situation mehrere Möglichkeiten gibt, die Schwierigkeiten zu überwinden. Machen Sie ein Brainstorming. Notieren Sie alle Lösungen, die Ihnen einfallen. Fragen Sie andere, ob diese noch weitere Ideen haben. Entscheiden Sie sich dann für die Möglichkeit, die Ihnen im Moment am besten erscheint.
— Nutzen Sie die Gegenwart zu Ihrem Vorteil. Machen Sie sich einen Sport daraus, im Hier und Jetzt das Gute, Schöne und Wahre zu finden. Wenn Sie in einem Straßencafé sitzen und die Wahl haben, entweder auf eine Baustelle oder auf ein paar Bäume zu schauen, drehen Sie Ihren Stuhl so, dass Sie auf die Bäume sehen.
— Bevor Sie andere beschuldigen, überlegen Sie, was Sie durch Ihre eigenen schlechten Entscheidungen zur Misere beigetragen haben und ob es jetzt nicht bessere Möglichkeiten gibt, als mit anderen zu streiten.

Die Liebe ist ein Kind der Freiheit – das Glück auch

»I want you. I love you. I need you.« »Du bist mein ganzes Glück.« »Du, nur du allein.« »Du bist alles, was ich habe auf der Welt.« – So oder ähnlich hören sich viele Schlagertexte an. Es sind Bekenntnisse abhängiger Liebe.

Was zunächst wie der Ausdruck größter Liebe aussieht, erweist sich schnell als sehr problematisch. »Bitte verlass mich nie.« »Ich lass dich niemals wieder gehen.« So geht es meist weiter im Text. Diese Zeilen zeigen die Kehrseite der einzigen großen Liebe. Die Angst, die scheinbar einzige Quelle des Glücks zu verlieren, überwiegt die Zuneigung bei weitem.

Der israelische Pädagoge Moshe Feldenkrais meinte: »Wer nur eine Möglichkeit hat, ist in einer Zwangslage. Wer zwei Möglichkeiten hat, steckt in einem Dilemma. Und wer drei Möglichkeiten hat, kann frei wählen.« Derjenige, der glaubt, nur einen Menschen lieben zu können, setzt sich unter Druck. Er/Sie muss dann natürlich unbedingt die andere/den anderen festhalten, sonst ist es für immer mit dem Glück vorbei. Keine angenehme Vorstellung, weder für die »Liebende«/den »Liebenden« noch für die »Geliebte«/den »Geliebten«.

Nun glauben Sie vielleicht, die Mehrehe sei der einzige Ausweg. Aber das ist nicht das, was ich meine. Entscheidend ist, wovon jemand überzeugt ist. Wer sich zutraut, auch andere Partner/Partnerinnen gewinnen zu können, ist nicht um jeden Preis auf einen einzigen Menschen angewiesen. Er oder sie kann es sich leisten, auf der Basis innerer Freiheit in einer Partnerschaft zu leben. Er/Sie möchte mit dieser einen Person zusammenleben, muss es aber nicht.

Was ich hier am Beispiel einer Liebesbeziehung dargestellt habe, gilt auch für das Glück. Solange man sagen kann: »Glücklich bin ich, wenn …«, und dann in der Lage ist, viele Alternativen aufzuzählen, ist alles in Ordnung. Die Wahrscheinlichkeit, selbst beim Verlust einiger Optionen glücklich zu leben, ist sehr hoch. Wenn man dagegen sagt: »Glücklich bin ich nur, wenn ...«, ist das Glück in Gefahr. Zwar kann es sein, dass diese einzige Möglichkeit immer zur Verfügung steht, aber wenn nicht, ist es vorbei mit dem glücklichen Leben. Aus dieser Lage kann man sich nur durch eine größere Offenheit für verschiedene Möglichkeiten des Glücks befreien.

Tausend Möglichkeiten, das Leben zu genießen

Die eigenen Bedürfnisse ändern sich und damit auch die Dinge, an denen man sich erfreut. Deshalb ist es sinnvoll, in Gedanken oder auf dem Papier einmal aufzuzählen, was einem Spaß macht, und diese Liste ständig zu ergänzen und auf dem Laufenden zu halten. Leider vergisst man nicht nur die Autoschlüssel oder die Namen von Leuten, sondern auch das, was einem Spaß macht. Dagegen hilft eine schriftliche Liste.

Allerdings wäre es traurig, es bei dieser Liste zu belassen. Machen Sie auch eifrig Gebrauch von ihr. Unternehmen Sie täglich so viel Erfreuliches, dass Sie vor dem Einschlafen sagen können: »Das war ein guter Tag.«

Sie können Ihr Glück noch durch Vorfreude steigern. Sie tun heute möglichst viel von dem, was Ihnen Spaß macht, und für morgen und die nächsten Tage, Wochen und Monate schmieden Sie erfreuliche Pläne. Dann haben Sie zweifache Freude, durch das, was Sie heute genießen, und durch die Vorfreude auf kommende Ereignisse.

Diese doppelte Freude ist ein dickes Polster gegen alles Unerfreuliche.

Nur einen Gedanken vom Glück entfernt

Die Hinwendung zum Glück erfordert weder Zeit noch Energie. Man ändert nur die Blickrichtung. Das ist noch einfacher, als von einem Raum in einen anderen zu gehen.

Normalerweise glauben wir, dass unser Glück von den Umständen abhängig ist und dass wir diese ändern müssen, wenn wir unglücklich sind.

Die Alternative besteht darin, die Umstände nicht zu ändern, sondern sie zu tauschen. Das heißt, wenn wir darunter leiden, in einem hässlichen Haus zu wohnen, müssen wir es nicht abreißen und ein neues aufbauen, sondern wir suchen uns ein bereits vorhandenes schönes Haus aus.

Allein die Vorstellung, diesen Wechsel bald herbeizuführen, bewirkt schon den Umschwung zum Glücklichsein. Wir befassen uns nicht mehr mit dem hässlichen Haus und planen keinen Abriss und Neubau. Die Umsetzung des Plans würde sehr viel Zeit, Energie und Geld kosten. Vielmehr beschließen wir den Umzug in ein schon existierendes schönes Haus. Schon der Gedanke daran hebt unsere Stimmung. Ein Gedanke kostet kaum Zeit oder Energie und kein Geld.

Wir sind immer nur einen Gedanken vom Glück entfernt. Wir benutzen unsere Fantasie und informieren uns, um bessere Möglichkeiten zu finden. Das erspart viel Mühe.

Trösten Sie sich

Wenn Kinder etwas Trauriges erleben, versuchen die Eltern, sie auf andere Gedanken zu bringen. Die Eiswaffel fällt in den Sand. Das schöne leckere Erdbeereis! Das Kind heult Rotz und Wasser. Die

Eltern ziehen es weiter und reden mit ihm. Sie versprechen ihm ein neues Eis oder etwas anderes Tolles. Sie lenken seine Aufmerksamkeit auf einen bunten Luftballon oder eine Ente mit ihren Jungen. Langsam beruhigt sich das Kind und folgt den Ideen der Eltern. Nach kurzer Zeit hat es das Eis vergessen und lacht wieder.

Warum sollten wir diese einfache, aber wirksame Methode nicht selbst anwenden? Auch wir brauchen manchmal Trost. Bei uns geht es nicht mehr um Eiswaffeln und Luftballons. Aber das Prinzip bleibt dasselbe.

Mit Veränderungen auf glückliche Art umgehen

In einer stabilen, statischen Welt gäbe es keine Veränderungen. Wir wären immer jung, gesund und unsterblich. Das Glück wäre beständig. Tatsächlich aber leben wir in einer unsicheren, dynamischen Welt. Nichts bleibt so, wie es ist. Wir werden alle gelegentlich krank und unglücklich. Außerdem werden wir jeden Tag älter und sterben irgendwann.

In der heutigen Zeit übt kaum noch jemand 40 oder 50 Jahre lang denselben Beruf aus, und wenn, dann selten in derselben Firma und an demselben Arbeitsplatz.

Die Aktienkurse steigen und fallen. Menschen verlieren ihre Vermögen, ihre Häuser, ihre Ersparnisse. Ehen werden geschieden. Kinder werden erwachsen und verlassen das Haus. Freundschaften zerbrechen, Geschirr sowieso.

Aber es gibt auch willkommene Veränderungen. Auf den Winter folgen Frühling und Sommer. Nach einer Krankheit werden wir wieder gesund. Nach dem Rausschmiss finden wir eine neue Arbeit. Wir schließen neue Freundschaften. Diese angenehmen Veränderungen bereiten uns keine Schwierigkeiten. Nur die unerwünschten behindern unser Glück. Deshalb wollen wir uns an einem Beispiel damit befassen, wie man unerwünschte Veränderungen bestmöglich bewältigen kann.

Nehmen wir einmal an, Ihre Ehe wird geschieden. Oder eine bedeutsame Freundschaft geht in die Brüche. Die erste Glücksstrategie würde Ihnen nahelegen, sich eine angenehme Umgebung zu suchen. Manche Menschen ziehen nach dem Ende einer Beziehung in eine andere Stadt. Das hat den Vorteil, dass die alte Wohnung, die alten Straßen und Plätze sie nicht ständig an die vergangene Beziehung erinnern. Andere fühlen sich dort, wo sie wohnen, am wohlsten und bleiben dort.

Bei der zweiten Glücksstrategie geht es darum, für das körperliche Wohlbefinden zu sorgen. Achten Sie jetzt besonders darauf, regelmäßig zu essen, sich mit dem Essen zu verwöhnen. Sorgen Sie für Bewegung. Setzen Sie Ihren Sport fort oder beginnen Sie eine sportliche Aktivität. Informieren Sie sich über das Angebot in Ihrer Stadt. Oder machen Sie einfach lange Spaziergänge in einer schönen Umgebung. Gönnen Sie sich Ruhepausen und genügend Schlaf.

Alle sinnlichen Genüsse kommen für Sie infrage: schöne Farben, die Natur, Filme, Theateraufführungen, schöne Klänge, Musik, Konzerte, leckeres Essen, schmackhafte Getränke, Massagen, Bäder und so weiter.

Die dritte Glücksstrategie: Wenden Sie sich dem Glück zu. Akzeptieren Sie die Fakten: Ihre Ehe ist geschieden, Ihre Freundschaft zerbrochen.

Setzen Sie sich neue Ziele, auf die Sie sich freuen. Sie haben eine Möglichkeit, glücklich zu sein, verloren, nämlich das Zusammensein mit Ihrem bisherigen Partner / Ihrer bisherigen Partnerin. Aber alle anderen Möglichkeiten, Ihr Leben zu genießen, stehen Ihnen weiter offen.

Nehmen Sie alles Gute aus der vergangenen Beziehung mit in

die Zukunft, lernen Sie aus den Fehlern, damit Sie sie nicht wieder-holen müssen, und dann wenden Sie sich von der Vergangenheit ab und der Gegenwart und Zukunft zu. Schauen Sie nach vorne. Malen Sie sich eine glückliche Zukunft aus, und dann fangen Sie an, diese Schritt für Schritt zu verwirklichen.

Falls Sie bei der Umsetzung Ihrer Pläne auf innere oder äußere Hindernisse stoßen, finden Sie in meinem ›Erfolgsbuch für Faule‹ viele Anregungen, Ihre Probleme zu lösen und Ihre Ziele zu errei-chen.

Das Gute an Veränderungen

»Es muss ein böser Sturm sein, der keinem etwas Gutes bringt«, lautet ein Sprichwort. Wir können es abwandeln und sagen: Es muss ein böser Sturm sein, der einem nicht auch Gutes bringt.

Denken Sie an das Yin-Yang-Symbol. In der großen schwarzen Hälfte befindet sich ein weißer Punkt. Selten bringen Veränderun-gen nur Schlechtes. Es kann allerdings sein, dass wir eine Weile brauchen, bis wir verstehen, was gut daran ist. Erinnern Sie sich an den Bauern mit seinem Pferd: »Unglück? Ich weiß nicht.« Da er sich der Ungewissheit der Zukunft bewusst war, wartete er erst einmal ab, ob ein bestimmtes Ereignis auf lange Sicht gut oder schlecht sein würde.

Jede neue Situation bringt Möglichkeiten mit sich, die wir nutzen sollten. Zugegeben, Veränderungen verlangen von uns, dass wir uns an das Neue gewöhnen. Wie in einer neuen Wohnung müssen wir uns erst in der neuen Situation einrichten. Das braucht seine Zeit.

In jeder neuen Situation können Sie eine Art Spiel spielen, zu dem Sie nichts weiter brauchen als Neugier und Geduld. Die Auf-gabe in dem Spiel lautet: Finden Sie das Gute, das in der neuen

Situation enthalten ist. Wenn Sie momentan nichts entdecken können, warten Sie ab und beobachten Sie die Situation weiter, ob sich
nicht doch noch etwas Erfreuliches entwickelt. Ziehen Sie in diesem
Fall keine voreiligen Schlüsse, sondern sagen Sie: »Ich weiß noch
nicht, ob diese Situation mir etwas Gutes bringt.« Halten Sie es einfach für möglich und stellen Sie sich die Frage noch einmal in einem
Monat oder in einem Jahr.

Aktiv in einer aktiven Welt

Jeder, der ein Haus besitzt, stellt im Laufe der Zeit fest, dass man es
regelmäßig instand halten muss. Durch die Benutzung des Hauses,
aber auch durch Naturkräfte wie Sonne, Wind und Wasser entstehen kleine Schäden. Wenn man nichts tut, wird das Haus unbe-
wohnbar. Den Verfall hält man nur durch eigene Aktivitäten auf,
indem man das Haus repariert.

In einer aktiven Welt muss man aktiv sein, um den Status quo zu
erhalten. Die Welt verändert sich, auch wenn man selbst nichts tut.
Paradoxerweise scheint sie aber stillzustehen, wenn man sich im
selben Tempo bewegt. Dieses Phänomen kennt man von Zug- oder
Autofahrten. Schaut man aus einem fahrenden Zug auf einen anderen Zug, der mit derselben Geschwindigkeit in dieselbe Richtung
fährt, hat man das Gefühl, beide Züge stünden still.

Deshalb kann man die Verhältnisse, die man mag, nur aufrecht-
erhalten, indem man selbst aktiv ist.

Stellen Sie sich vor, Sie stünden auf einer wackeligen Scheibe,
die sich in verschiedene Richtungen bewegt. Sie können Ihr Gleichgewicht nur halten, indem Sie sich auch bewegen. Reagieren Sie
zu schwach oder zu stark, stürzen Sie. Die Ausgleichsbewegungen
müssen wohldosiert sein.

Nichtstun kann man sich nur eine Zeit lang leisten. Dann aber muss man wieder aktiv werden, um die Verhältnisse wiederherzustellen, die den eigenen Bedürfnissen entsprechen und es einem erlauben, glücklich zu leben.

Glück ist kein Zustand, sondern ein Prozess. Nur indem man seine wechselnden Bedürfnisse erkennt und erfüllt, erreicht man Zufriedenheit und Wohlbefinden.

Der Buddha hat seinen Schülern geraten, zu vermeiden, sich einzugewöhnen. Ihm war bewusst, dass es Menschen nach einiger Zeit schwerfällt, sich aus den Umständen zu lösen, an die sie sich gewöhnt haben. Dabei spielt es nicht einmal eine Rolle, ob die Verhältnisse gut oder schlecht sind.

Bertolt Brecht erzählt in seinen ›Kalendergeschichten‹ das Gleichnis des Buddha vom brennenden Haus. Seine Bewohner wollen das Haus trotz eines Feuers nicht verlassen. Sie fragen: »Wie ist es denn da draußen? Was erwartet uns dort?« Daraufhin geht der Buddha weiter. Er hat gemerkt, dass die Bewohner sich lieber an das klammern, was sie haben.

Wir können den Ratschlag des Buddha, flexibel zu bleiben, aufgreifen und ab und zu neue Situationen ausprobieren. Es kann sich um ganz einfache Dinge handeln wie Bus fahren, wenn man sonst immer Auto fährt. Sie könnten allein ins Kino gehen, wenn Sie sonst nur mit anderen etwas unternehmen.

Damit Sie nicht den Eindruck bekommen, alles Neue sei unangenehm, müssen Sie die ungewohnte Aktivität ein paarmal wiederholen, damit Sie das komische Gefühl vom Anfang verlieren. Aller Anfang ist schwer. Nach einiger Zeit fällt es Ihnen dann leichter, auch die öffentlichen Verkehrsmittel zu benutzen. Wahrscheinlich behalten Sie eine Vorliebe, entweder fürs Auto oder für Bus und Bahn. Aber Sie werden zumindest nicht mehr glauben, es gebe nur eine einzige Art, sich fortzubewegen.

Weitere Vorschläge: Falls Sie RaucherIn sind, hören Sie mal vier Wochen mit dem Rauchen auf. (Falls Sie NichtraucherIn sind, bleiben Sie bitte dabei. Gute Gewohnheiten sollte man unbedingt beibehalten.)

Falls Sie meditieren, wechseln Sie mal den Platz. Mit der Zeit werden Sie unabhängig von einem bestimmten Sitzplatz.

Falls Sie immer alles haben müssen, verzichten Sie zur Abwechslung einmal auf etwas. Der Anfang ist schwer. Aber mit der Zeit erreichen Sie eine innere Freiheit, die Ihnen jetzt noch fremd ist. Umgekehrt: Wenn Sie geizig sind, gönnen Sie sich etwas. Es muss ja keine neue Gewohnheit werden, aber Sie sehen dann, dass Sie es können.

Können Sie anderen Ihre Meinung sagen, oder müssen Sie immer nett sein? Manche Menschen sind zwanghaft freundlich, weil sie nicht gelernt haben, sich selbst zu behaupten. Andererseits gibt es viele notorische Grantler. Können Sie zu anderen auch einmal etwas Freundliches, vielleicht sogar Herzliches sagen? Oder noch besser, ihnen einen Gefallen tun? Wenn nein, beweisen Sie sich und anderen, dass Sie es können. Wenn Sie diese Prüfung bestanden haben, dürfen Sie weiter granteln.

Warum Sie das alles sollen? Damit Sie sich freiwillig an Veränderungen gewöhnen und lernen, mit dem unvermeidlichen Wandel umzugehen. Das Leben lässt keinen von uns in Ruhe und zwingt uns auch dann zu Veränderungen, wenn wir sie nicht mögen. Da die Dynamik der Welt eine Grundtatsache des Lebens ist und kein überraschendes Moment, ist es besser, sich von vornherein darauf einzustellen und Flexibilität im Leben zu erwerben. Im Allgemeinen sind diejenigen Menschen glücklicher, gesünder und erfolgreicher, die mehrere Möglichkeiten beherrschen. Geistig und körperlich starre Menschen machen sich und anderen das Leben unnötig schwer.

Man gewöhnt sich an fast alles

Die Anpassungsfähigkeit des Menschen ist enorm. In einer Studie haben amerikanische Psychologen festgestellt, dass alle emotionalen Reaktionen nach kurzer Zeit ausgeglichen werden. Sowohl Lottogewinner als auch Querschnittsgelähmte kehren nach einigen Wochen oder Monaten auf ihr altes Glücksniveau zurück. Die Himmelhochjauchzenden verlieren ihr Hochgefühl bald wieder, und die Zu-Tode-Betrübten erholen sich emotional relativ schnell.

Das Ergebnis der Studie ist nachvollziehbar. Auch wenn man keine extremen Höhen und Tiefen erlebt hat, so weiß man doch, dass jedes Gefühl, egal ob Freude, Trauer, Angst, Wut oder Ekel, nach einiger Zeit wieder vergangen ist, selbst wenn man fest davon überzeugt war, nie wieder glücklich oder unglücklich sein zu können.

Die Trauer über den Tod eines lieben Menschen oder das Verliebtsein ist ein emotionaler Zustand, der im »Normalbereich« menschlicher Erfahrungen liegt. In diesen Fällen glauben Menschen oft, die Trauer bzw. das Glück würde nie vergehen. Und doch ändern sich die Gefühle und kehren auf ihr gewohntes Niveau zurück.

Überraschend mag sein, dass dieses Phänomen auch für extreme Erfahrungen wie einen Lottogewinn oder eine Querschnittslähmung gilt. Vielleicht schade in dem einen Fall und tröstlich in dem anderen.

Dass man sich an fast alles gewöhnt, zeigen auch andere Untersuchungen. Die Gefühlslage der Menschen ist in ärmeren Ländern kaum anders als in wohlhabenderen. Nach einer Befragung der reichsten Männer Amerikas waren 37 Prozent der Milliardäre mit ihrem Leben sogar unzufriedener als der Durchschnitt. Strafgefangene gewöhnen sich mit zunehmender Dauer an die Lebensverhältnisse im Gefängnis. Schlechte Laune, Stress, Schlaflosigkeit und Langeweile vergehen nach einer Weile.

Menschen scheinen so angelegt zu sein, dass sie starke emotionale Erregungen, ob sie nun angenehm oder unangenehm sind, abschwächen und durch entgegengesetzte Prozesse ablösen.

Möglicherweise ist dies die erfreulichste Information in dem vorliegenden Buch: Selbst wenn Sie keine der hier vorgestellten Glücksstrategien befolgen, sorgt Ihre eingebaute Glücksautomatik dafür, dass Sie sich nach einiger Zeit von praktisch jedem Leid erholen. Dieser Umstand zeigt mal wieder, dass die Natur wesentliche Lernprozesse nicht dem Zufall überlässt. Wir lernen alle die Muttersprache und das Laufen. Und sogar für unser Glück ist in gewisser Weise automatisch gesorgt. Mutter Natur wartet nicht, bis wir Bücher lesen oder Kurse besuchen.

Trotzdem empfehle ich Ihnen, weiterzulesen und die Glücksstrategien zu lernen; denn die obigen Beispiele zeigen auch, dass wir von Natur aus nur das Minimum lernen. Wir lernen zwar die Muttersprache sprechen, können sie aber ohne weiteres Lernen nicht schreiben und sind vielleicht auch in unseren mündlichen Ausdrucksmöglichkeiten ungeschickt. Auch mit dem Laufen ist das so eine Sache. Irgendwie torkelt man so durch die Gegend, aber um fließende, geschmeidige Bewegungen zu beherrschen, so wie Tänzerinnen und Tänzer es können, muss man über die Kinderjahre hinaus laufen lernen.

Gleiches gilt fürs Glücklichsein. Mehr schlecht als recht schafft es jeder, sein Leben zu leben. Aber ob man es in vollen Zügen genießt, das hängt doch von einer gewissen Meisterschaft ab, die einem nicht zufällt, sondern die man sich Schritt für Schritt aneignen muss.

Mit diesem Buch sind Sie auf dem richtigen Weg. Leider kann man schneller lesen und verstehen als handeln. Man braucht Zeit, um das Gelernte auch anzuwenden. Nach dem Kauf eines Sprachbuchs beherrscht man noch nicht die Sprache. Nicht einmal mit dem Lesen der Vokabeln und der gelegentlichen Anwendung der Übungen ist es getan. Vielmehr muss man alle Vokabeln und Übungen ständig wiederholen, bis man die neue Sprache flüssig beherrscht.

Genauso ist es mit diesem Buch. Das einmalige Lesen wird nicht reichen. In den Text sind zahlreiche Aufgaben eingestreut. Aber ich weiß aus eigener Erfahrung, dass man über solche Anregungen schnell hinwegliest. Vielleicht lesen Sie das Buch beim zweiten Mal in der umgekehrten Reihenfolge. Für die meisten von Ihnen heißt das von hinten nach vorn, für die anderen von vorn nach hinten. Lesen Sie immer mal wieder kreuz und quer in dem Buch. Auf solche Weise wird das Lernen abwechslungsreicher. Auch bei hin und her springender Aufmerksamkeit baut sich mit der Zeit ein geordnetes Bild auf. Sie finden bei mehrmaligem Lesen Dinge, die Sie überlesen oder missverstanden haben. Mit jedem Mal bleibt mehr im Gedächtnis hängen, und Sie können immer mehr vom Inhalt des Buches im Alltag nutzen.

4 STREBEN SIE ETWAS ERFREULICHES AN

Der Mythos vom wunschlosen Glück

Etwas Erfreuliches anstreben? Sich etwas wünschen und es in die Tat umsetzen? Macht man sich damit nicht eher unglücklich? Was ist, wenn sich die Wünsche nicht erfüllen? Dann ist man doch unglücklich, oder? Ist es dann nicht besser, auf alle Wünsche zu verzichten?

Manche Menschen glauben dies tatsächlich. Unerfüllte Wünsche machen eben unglücklich, so meinen sie. Der Buddha definierte Leiden folgendermaßen: »Mit Unliebem vereint sein, ist Leiden. Von Liebem getrennt sein, ist Leiden. Nicht erlangen, was man begehrt, ist Leiden.« Das hört sich zunächst wirklich so an, als ob man nur wunschlos glücklich sein könne.

Aber es gibt da einen wichtigen Unterschied, den viele übersehen. Wünschen ist nicht dasselbe wie Begehren. Gier ist etwas anderes als ein Wunsch. Wer gierig ist, glaubt, etwas haben zu müssen. Wer sich etwas wünscht, möchte gerne etwas haben, muss es aber nicht erlangen. Er ist sich bewusst, dass es auch anders geht.

Zwei Grundfunktionen sollte jeder Mensch beherrschen: greifen und loslassen. Beides ist wichtig. Leider können viele nur eines von beidem. Mönche und Asketen trauen sich nicht, nach etwas zu greifen. Sie befürchten, es nicht mehr loslassen zu können. Das Beispiel der meisten anderen ist für sie abschreckend; denn tatsächlich fällt es fast allen schwer, das, was sie einmal in Händen haben, wieder loszulassen. Sie können ganz leicht greifen, aber schwer loslassen.

In der buddhistischen Literatur findet man häufig das Gleichnis von den Affenfallen. Eine Affenfalle sieht so aus, dass in einen Korb eine Leckerei gesteckt wird, die die Affen unbedingt haben wollen. Sie stecken einen Arm in die Falle und umklammern den Leckerbissen. Nun können sie aber den Arm nicht zurückziehen, weil die Öffnung des Korbes für eine geschlossene Hand zu schmal ist. Die Affen könnten jederzeit wieder freikommen, wenn sie den Leckerbissen losließen. Das tun sie aber nicht, und so sind sie gefangen.

Auch die nächste Geschichte soll zeigen, wie sich gierige Menschen immer mehr verstricken: Jemand berührt mit einer Hand ein klebriges Papier. Er denkt: »Ich werde mich mit der anderen Hand befreien.« Nun klebt er schon mit beiden Händen fest. »Ich werde die beiden Hände mithilfe meines Fußes lösen.« Natürlich endet die Geschichte damit, dass er mit beiden Händen und Füßen festklebt. Aber dieses Beispiel suggeriert etwas Falsches. Die Dinge, die man haben möchte, kleben normalerweise nicht. Nicht die Dinge halten einen fest, sondern man selbst umklammert – wie bei der Affenfalle – die Dinge.

Kinder können von Anfang an wunderbar greifen. Loslassen ist dagegen schwer. Das muss man erst im Laufe der Zeit lernen. Leider schaffen es auch viele Erwachsene noch nicht, leichten Herzens loszulassen. Unsere Kultur fordert sogar dazu auf, gierig zu sein. Wachstum ist das Glaubensbekenntnis der Wirtschaft. Immer mehr produzieren und konsumieren, anders geht es nicht, wird behauptet. Die Werbung schürt den Glauben, bestimmte Dinge unbedingt haben zu müssen. Besitzgier, Raub und Eroberung bestimmen die Menschheitsgeschichte.

Aber das alles ist kein Grund, das Wünschen gleich mit zu verteufeln. Etwas Erfreuliches anzustreben ist vollkommen in Ordnung.

Erst wenn man sich an einen Wunsch klammert und meint, etwas unbedingt erreichen zu müssen, wird aus dem Wunsch leidvolle Gier. Darum spricht der Buddha von »begehren«: »Nicht erlangen, was man begehrt, ist Leiden.« Denn wie könnte man, ohne zu leiden, etwas loslassen, von dem man glaubt, es unbedingt haben zu müssen? Auch das »Vereintsein mit Unliebem« und das »Getrenntsein von Liebem« ist nur dann Leiden, wenn man meint, es unbedingt haben bzw. nicht haben zu müssen. Die Überzeugung des Müssens ist das Problem, nicht das Wünschen und Wollen.

Die Überzeugung, etwas unbedingt haben zu müssen, beruht auf einem Irrtum. Jeder kann auf mehrere Arten glücklich werden. Solange einem dies bewusst ist, bleibt man gelassen. Erst wenn man – durch kollektiven Wahnsinn und übertriebene Werbung unterstützt – meint, dass das Glück von einem einzigen Menschen, einer einzigen Sache oder Erfahrung abhängt, beginnt das verzweifelte Kämpfen und Klammern um jeden Preis.

Die Konzentration auf nur »eines« ist eng verbunden mit Zwang, Abhängigkeit und Fanatismus. Gibt es dagegen mehrere Möglichkeiten, bin ich frei und unabhängig. Ich kann wählen.

Im vorigen Kapitel haben wir gesehen, dass die Auswahl groß ist. Es liegt an uns, ob wir uns auf etwas fixieren oder fixieren lassen oder uns unserer mentalen und tatsächlichen Freiheit bewusst bleiben. Geistige Beweglichkeit ist der Schlüssel zum Glück. Wir können uns – im wahrsten Sinn des Wortes – nur dann vom Unglück abwenden und dem Glück zuwenden, wenn wir beweglich sind. Das Abwenden und Zuwenden, zunächst mental, dann tatsächlich, erfordert Flexibilität.

Sobald wir sehen, dass es mehrere Möglichkeiten gibt, sind wir gelassen. Wir können dann nach Belieben danach greifen und wieder loslassen. Wunschloses Glück ist ein Mythos. Er beruht auf einer Verwechslung von Gier und Wunsch. Müssen ist etwas grundsätzlich anderes als Wollen. Das eine ist von Zwang und Verzweiflung geprägt, das andere von Freiheit und Glück.

Um glücklich zu sein, ist es wichtig, das Festklammern zu vermeiden. Wenn wir klammern, aber das Umkämpfte trotzdem nicht bekommen oder es trotzdem verlieren, jammern, klagen und leiden wir. Sind wir dagegen bereit, jederzeit wieder loszulassen – in dem Bewusstsein, auch etwas anderes Erfreuliches anstreben zu können –, dann bleiben wir locker und entspannt und innerlich offen für andere Möglichkeiten.

Akzeptieren, auswählen, anfangen

Auf der Basis dieser Erkenntnisse möchte ich Ihnen eine ebenso einfache wie wirksame Glücksstrategie vorstellen. Sie umfasst drei Schritte:

1. Akzeptieren Sie die Dinge so, wie sie im Moment sind. Sagen Sie einfach: »So ist die Situation.« Punkt. Hadern Sie nicht mit Ihrem Schicksal, beklagen Sie nicht die Umstände und wehren Sie sich nicht gegen sie. Ziehen Sie einen Schlussstrich und lassen Sie die unbefriedigenden Umstände innerlich los. Die gegenwärtige Situation ist der Ausgangspunkt für eine bessere Zukunft.

2. Wählen Sie etwas aus, was Ihnen Spaß machen könnte und im Bereich des Möglichen liegt. Konzentrieren Sie sich auf das mögliche Glück und auf erfreuliche Ziele, die Sie erreichen können. Durch die Erkenntnis, dass Glücklichsein weiter im Bereich Ihrer Möglichkeiten liegt, wird es Ihnen im Allgemeinen leichter fallen, den Teil der Realität, unter dem Sie leiden, zu akzeptieren.

3. Fangen Sie an, das erfreuliche Ziel, das Sie ausgewählt haben, zu verwirklichen.

Die Strategie lässt sich in fünf Worten zusammenfassen: »Na und? Machen Sie weiter.« Sie sind gerade durch eine Prüfung gefallen und fühlen sich miserabel? Na und? Machen Sie weiter. Ihr Arbeitgeber hat Ihnen gekündigt? Na und? Machen Sie weiter. Es ist schwer, etwas Neues zu finden? Na und? Machen Sie weiter.

Ich weiß, dass dies in manchen Situationen zunächst kaltschnäuzig klingen mag. Manchmal braucht man eine gewisse Zeit, um über etwas hinwegzukommen. Das Leben kann sehr hart sein. Dann ist es völlig angemessen, traurig, ärgerlich oder ängstlich zu sein. Aber irgendwann ist man mit der Trauer, den Sorgen und dem Ärger durch und sagt sich trotzig: »Was soll's?« oder »Na und?«, und wendet sich neuen Möglichkeiten zu. Man macht weiter.

Probieren Sie die Strategie aus. Nehmen Sie etwas, worunter Sie im Moment leiden. Akzeptieren Sie als Erstes die Dinge so, wie sie zur Zeit sind. Stellen Sie einfach fest: Ja, so ist es. Das sind die Fakten. Ich leide (bin traurig, wütend, deprimiert).

Wählen Sie etwas Erfreuliches aus. Stellen Sie sich dazu die folgenden Fragen: »Welche Möglichkeiten stehen mir offen?« »Was könnte mir Spaß machen?« – Suchen Sie sich die beste Möglichkeit aus.

Fangen Sie an. Tun Sie das, was möglich ist und Ihnen Spaß macht.

Ein Beispiel: Jemand hat sich ein Bein gebrochen und liegt im Krankenhaus. Er beschäftigt sich immer wieder mit dem Unfall, mit seinen Schmerzen und leidet. Er leidet auch, wenn er daran denkt, was er jetzt nicht machen kann, wie sehr seine Pläne jetzt durchkreuzt sind.

Als Erstes wendet er sich nun von seinem Leiden ab. Er akzeptiert die Situation so, wie sie im Moment ist. Dann überlegt er, welche Möglichkeiten ihm weiter offenstehen, um sich seines Lebens zu erfreuen. Er trifft Menschen, die er lange nicht gesehen hat, liest

Bücher, die er schon lange lesen wollte, und plant für die Zeit nach seiner Genesung eine Reise nach Italien. Er beschäftigt sich viel mit seinen Reiseplänen, lernt Italienisch und stellt sich immer wieder in allen Einzelheiten vor, was er in Italien unternehmen wird. Dadurch vergeht die Zeit schneller, und sie ist angenehmer, als würde er weiter nur sein Unglück beklagen.

Ein Wunder geschehen lassen

Manchmal sagen Menschen: »Mir geht es so schlecht. Es müsste ein Wunder geschehen, damit es mir besser geht.« Dieses Wunder ist möglich. Nehmen wir einmal an, über Nacht hat sich tatsächlich ein Wunder ereignet, und alle Ihre Probleme sind nun gelöst. Woran merken Sie, dass ein Wunder geschehen ist? Was ist anders als sonst?

Lassen Sie sich viel Zeit, Antworten auf diese Fragen zu finden.

Sobald Sie eine Vorstellung davon haben, wie sich ein Wunder in Ihrem Leben bemerkbar machen würde, überlegen Sie weiter: Gab es Zeiten in Ihrem Leben, die etwas von diesem Wunder hatten? Wie und von wem wurde es bewirkt?

Falls es solche Zeiten noch nicht gab: Auf welche Weise könnten das Wunder oder Teile davon wahr werden? Was könnten Sie dazu beitragen?

Abgesehen von dem Wunder: Was könnte in Ihrem Leben so bleiben, wie es ist? Was muss nicht geändert werden? Was ist in Ordnung?

Mithilfe dieser Fragen kann man sich aus dem Sog des Leidens befreien und eine neue Perspektive im Leben entwickeln.

Sich immer auf etwas freuen

Manchmal scheint einem die Gegenwart nichts zu bieten. Besonders in solchen Zeiten ist es hilfreich, sich eine bessere Zukunft auszumalen. Lassen Sie Ihrer Fantasie freien Lauf. Aber planen Sie auch konkret. Stellen Sie sich etwas Angenehmes in Aussicht: heute Abend, morgen, am Wochenende, in den nächsten Monaten. So haben Sie immer etwas, worauf Sie sich freuen können. Betrachten Sie es als Meditationsobjekt. Sie haben die Wahl, immer wieder an etwas Betrübliches zu denken oder Ihre Gedanken auf ein zukünftiges erfreuliches Ereignis zu richten.

Falls Ihre Gegenwart ohnehin schon angenehm ist, können Sie Ihre innere Welt noch durch angenehme Fantasien über die Zukunft bereichern. Ihre Gegenwart ist angenehm und die Zukunft rosig. Was bleibt Ihnen da zu wünschen übrig?

Instant Karma

Wird Ihr Tag heute stressig oder angenehm sein? Und morgen? Werden Sie einen guten Tag haben oder einen schlechten? Was meinen Sie, wovon dies abhängt? Von den Umständen, von den anderen Menschen oder von Ihnen?

Schauen wir uns den Tag zweier Personen an. Beide haben einen freien Tag. Person A hat eine klare Vorstellung von diesem Tag. Sie wird um sieben Uhr aufstehen und einen Ausflug mit dem Fahrrad machen. Dafür hat sie einen Picknickkorb vorbereitet. Sie weiß, wo sie hinfahren wird, nämlich an einen nahe gelegenen See. Dort wird sie ausspannen, etwas lesen und mittags Sandwiches, etwas Salat und Obst essen. Am Nachmittag wird sie zurückfahren und sich abends mit FreundInnen einen Film im Kino ansehen. Anschließend werden sie über den Film und die privaten Ereignisse der letzten Wochen sprechen. Für den Fall, dass es regnen sollte, wird sie in die Stadt fahren, durch die Läden bummeln und mittags bei einem Italiener Pasta und Pizza essen und Wein trinken.

Am nächsten Tag scheint die Sonne. Ein paar Wolken ziehen über den Himmel, aber es ist auf jeden Fall ein Wetter für einen Ausflug. Kurz bevor es losgeht, kommt die Post: ein Schreiben vom Finanzamt, drei Rechnungen und ein Brief von den Eltern, zu denen ein gespanntes Verhältnis besteht. Person A öffnet keinen der Briefe – dafür ist morgen Zeit –, sondern fährt los. Wider Erwarten gibt es unterwegs einen kurzen Schauer von zehn Minuten, aber das ist kein Grund, den Ausflug abzubrechen. Unter Bäumen lässt sich der Regen fast trocken überstehen, und die Sonne trocknet alles schnell wieder. Ansonsten verläuft der Ausflug wie geplant. Es ist ein angenehmer und entspannter Vormittag. Am Nachmittag sagt einer der Freunde das Treffen ab, aber die anderen kommen. Der Film ist nicht das, was Person A sich davon versprochen hatte, aber das ist kein Grund, sich aufzuregen. Das Gespräch über die privaten Dinge der letzten Wochen ist anregend und unterhaltsam. Person A ist zufrieden, als sie abends auf den Tag zurückblickt.

Person B will den freien Tag – wie immer – spontan verleben. Als sie um 9 Uhr wach wird, war die Post schon da. Sofort reißt Person B die Briefe auf. Das Finanzamt will eine Nachzahlung von 7000 Euro. Eine Zumutung! Und dann auch noch drei Rechnungen. Als ob sich alle verabredet hätten. Die eine Rechnung ist fehlerhaft. Person B setzt sich sofort hin und beanstandet sie mit einem erbosten Antwortschreiben. Beim Frühstück – zwei alte Brötchen vom Vortag – liest sie den Brief der Eltern. Diese erheben dieselben Vorwürfe, die sie immer erheben, und fordern zu einem Besuch am übernächsten Wochenende auf. Person B ist bedient. Sie lässt also vor ihrem inneren Auge das übliche Best-of einer traurigen Familiengeschichte ablaufen. Deprimiert sitzt sie auf dem Sofa. Was tun? Die Fernbedienung des Fernsehers liegt in greifbarer Nähe. Also stellt sie den Fernseher an und sieht den Rest eines alten Spielfilms. Anschließend wärmt sie sich eine Dose Ravioli auf und beschließt, sich die Picasso-Ausstellung im Städtischen Museum anzusehen. Unterwegs überlegt sie es sich anders und will lieber einen Freund treffen. Der ist aber nicht zu Hause. Missmutig geht sie in ein Einkaufszentrum und kauft sich drei Kleidungsstücke und eine Zeitung. Zu Hause bedauert sie, die Sachen gekauft zu haben. Sie wird sie in den nächsten Tagen umtauschen. Die Nachrichten in der Zeitung deprimieren sie. Sie trinkt eine Flasche Wein und geht früh ins Bett. Am nächsten Tag hat sie Kopfschmerzen.

Was unterscheidet Person A von Person B und ihre Leben an diesem Tag? Person A hat eine klare Vorstellung von ihrem freien Tag. Davon lässt sie sich auch durch die Briefe, den Regen und die Absage eines Freundes nicht abbringen. Sie hat den Tag geplant und vorbereitet: den Picknickkorb, die Verabredung am Abend und die anderen Dinge.

Person B reagiert dagegen auf jeden äußeren und inneren Impuls. Die Briefe, die Person A liegen ließ, weil sie nicht zu ihrem Plan gehörten, öffnet Person B sofort, setzt sich hin und antwortet noch vor dem Frühstück. Die Fernbedienung, die Kleidungsstücke, die spontanen Einfälle – auf alles reagiert sie sofort, ohne die Folgen zu überlegen. Am Ende des Tages ist sie unzufrieden und will sich besser fühlen, indem sie Alkohol trinkt.

Buddhisten würden hier von karmischem Geschehen sprechen. Was jetzt geschieht, ist die Folge vorangegangener Entscheidungen. Was morgen sein wird, entscheidet sich heute. Karma wirkt nicht nur, nach Ansicht der Buddhisten, von einem Leben zum nächsten, sondern von Tag zu Tag, von Sekunde zu Sekunde.

Ob ein Tag stressig oder angenehm wird, lässt sich zu einem

großen Teil voraussehen. Die meisten Dinge passieren nicht einfach. Wenn wir uns tausend Sachen vornehmen, wird es ein anstrengender Tag werden. Wir werden keine Zeit haben, genauer: uns keine Zeit nehmen, um uns zu erholen und das Erreichte zu genießen. Aber wir müssen uns nicht tausend Dinge vornehmen.

Oft wissen wir schon vorher, ob uns etwas Spaß machen wird oder nicht. Oder wir wissen es nur deshalb nicht, weil wir uns keine Zeit nehmen, den Tag in Gedanken durchzuspielen.

Falls Sie heute voraussehen, dass es morgen stressig wird, was könnten Sie ändern?

Jeder Tag ist eine neue Chance. Wir sind nicht verpflichtet, uns einen Tag nach dem anderen unglücklich zu machen. Leider leben wir die meiste Zeit automatisch und unbewusst. Wir halten an Gewohnheiten fest, egal ob wir sie mögen oder nicht. Das muss nicht so bleiben. Zwar kann man sein Leben nicht in allem von heute auf morgen ändern. Aber Kleinigkeiten lassen sich sofort verbessern. Diese Kleinigkeiten summieren sich im Laufe der Monate und Jahre.

Viele kleine Änderungen brauchen Zeit. Dafür sind sie auch von Dauer. Bei zu großen Veränderungen in zu kurzer Zeit wird das Bedürfnis, zu den alten Gewohnheiten zurückzukehren, schnell übermächtig. Bei Diäten zeigt sich dies sehr gut. Auf eine komplette Umstellung der Ernährung folgen die alten Essgewohnheiten. Das ist extrem ineffektiv, auch wenn es zunächst beeindruckend aussieht. Langsame kleine Veränderungen bringen letztlich mehr.

Um jetzt einen Nutzen aus diesen Überlegungen zu ziehen, könnten Sie sich Folgendes überlegen: Was haben Sie heute und morgen geplant? Sind Sie damit zufrieden? Welche Kleinigkeiten könnten Sie anders machen, sodass Ihnen die Tage besser gefallen?

Probleme lösen und das Leben genießen

Probleme löst man am besten, indem man zwei Fragen stellt. Erstens: Was möchte ich stattdessen? Sobald man darauf eine Antwort hat, fragt man zweitens: Wie komme ich von A nach B? A bezeichnet die Problemsituation, B die Lösung.

Problemlösungen funktionieren genauso wie Erfolgsstrategien, mit dem einzigen Unterschied, dass die Ausgangssituation als »Problem« definiert und empfunden wird. Wie man Lösungen und Wege von A nach B findet, habe ich in meinem ›Erfolgsbuch für Faule‹ ausführlich beschrieben. Deshalb an dieser Stelle nur ein paar Stichworte.

Notieren Sie Ihr Problem und alle Lösungen, die Ihnen einfallen. Suchen Sie sich die beste, bequemste und erfreulichste Möglichkeit aus. Probieren Sie sie aus. Entweder haben Sie Ihr Problem dann gelöst oder nicht. Falls nein, probieren Sie die nächste Möglichkeit aus. Dieses Verfahren nennt man Versuch und Irrtum, *trial and error*. Es kann auf Anhieb gelingen oder lange dauern.

Deshalb ist es manchmal besser, sich vorher zu informieren, wie andere dieses Problem gelöst haben oder lösen würden. Normalerweise sind Sie nicht der oder die Erste mit diesem Problem. Sie können Bücher lesen, Seminare und Selbsthilfegruppen besuchen, ExpertInnen und FreundInnen fragen, im Internet nach Lösungen suchen usw. Die dort vorgeschlagenen Problemlösungen können Sie eine nach der anderen ebenfalls ausprobieren.

Normalerweise schließen Probleme es nicht aus, das Leben trotzdem zu genießen. Leider verschärft man seine Probleme nur, indem man sich in sie verbeißt und nichts Erfreuliches mehr erlebt. Notwendig ist das nicht, aber es passiert häufig dann, wenn man schlechte Vorbilder hatte. Den gelassenen Umgang mit Problemen kann man aber auch als Erwachsener noch lernen.

Einige Menschen verschließen die Augen vor ihren Problemen und verschlimmern sie dadurch gelegentlich. Sie wollen nur die angenehmen Seiten des Lebens akzeptieren. Andere stürzen sich mit Volldampf auf jedes Problem. Sie wollen sich erst dann wieder Entspannung und Freude gönnen, wenn alle ihre Probleme gelöst sind, und das wird am Sankt-Nimmerleins-Tag der Fall sein.

Am besten ist es, vorhandene Probleme anzupacken und sich trotzdem auch die Zeit zu nehmen, um sich zu entspannen und das Leben zu genießen. Bei einer ausschließlichen Konzentration auf alle Probleme brennt man zu leicht aus. Man verliert dann schließlich die Kraft, seine Probleme zu lösen. Deshalb fördert es paradoxerweise die Fähigkeit, Probleme wirksam anzupacken, wenn man sich regelmäßig erholt und entspannt und Dinge unternimmt, die man liebt.

Die wahre Grundlage des Glücks

Wer mit seinen Gefühlen umgehen kann, hat den Schlüssel zum Glück in der Hand. Glück bedeutet Freude, und Freude ist ein Gefühl. Wenn wir autonom darüber bestimmen könnten, ob wir uns ärgern oder freuen, wenn wir zwischen unseren Gefühlen wählen könnten, dann hätten wir die Möglichkeit, uns öfter dafür zu entscheiden, glücklich zu sein. Wir müssten also auf der Klaviatur unserer Gefühle spielen können, um zwischen Angst, Ärger, Niedergeschlagenheit und Freude frei wählen zu können.

Angst, Ärger und Trauer/Enttäuschung sind die drei großen leidigen, »negativen« Gefühle. Mit ihnen korrespondieren die drei klassischen Verhaltensweisen: Flucht, Kampf und Totstellen. Wer sich ärgert, bereitet den Körper in vielfältiger Weise auf einen Kampf vor. Angst veranlasst uns, etwas zu vermeiden oder zu flüchten. Wer trauert oder sehr enttäuscht ist, fühlt sich matt und kraftlos, ist ein bisschen wie tot.

Alle diese Gefühls- und Verhaltensreaktionen dienen unserem Überleben. Kampf und Flucht, aber auch Totstellen sind Überlebensstrategien. Wer sich regungslos verhält, wird vielleicht übersehen oder schon für tot gehalten, sodass keine oder keine weiteren Angriffe erfolgen.

Diese Grundausstattung, die uns die Natur mitgegeben hat, ist in freier Wildbahn, aber auch im Dschungel der Großstädte sehr nützlich. Dennoch wird zu Recht beklagt, dass wir uns zu oft über Kleinigkeiten aufregen und damit Reaktionen auslösen, die eigentlich echten Existenzkämpfen vorbehalten sein sollten.

Um unsere unangemessenen Gefühls- und Verhaltensreaktionen beeinflussen zu können, müssten wir wissen, wovon sie abhängen.

Normalerweise sind wir davon überzeugt, dass es die Umstände sind, die uns ärgerlich, ängstlich oder traurig machen. Das sieht auf den ersten Blick auch so aus. Wir sehen und hören etwas – und das Nächste, was wir merken, ist unsere Wut, Angst oder Enttäuschung.

Unsere Alltagssprache spiegelt diesen vermuteten Zusammenhang ständig wider: »Der nervt mich.« »Das macht mir Angst.« »Sie hat mich so enttäuscht.« Die anderen scheinen es in der Hand zu haben, wie wir empfinden. Aber ist das wirklich so?

Wenn Geld glücklich macht, müssten dann nicht alle Millionäre glücklich sein? Wir wissen aber, dass auch die Reichen leiden.

Wenn Krankheit und Behinderung deprimieren, dann müssten alle Kranken und Behinderten unglücklich sein. Bekanntlich empfinden aber auch Kranke und Behinderte Freude.

Und denken Sie an sich selbst: Warum reagieren Sie in ein und derselben Situation nicht immer gleich? Warum fühlen Sie in vergleichbaren Situationen nicht immer dieselben Gefühle, und zwar in gleicher Dauer und Intensität?

Warum reagieren verschiedene Menschen verschieden, obwohl sie dasselbe erleben? Zum Beispiel: Eine Lehrerin schnauzt die ganze Klasse an: »Ihr seid alle faule Nichtsnutze.« Einige Schüler reagieren gleichgültig, andere sind empört, ein paar grinsen.

Wenn es nur auf die Situation ankäme, müssten doch alle verärgert oder gelangweilt oder belustigt sein.

Wir übersehen in den konkreten Situationen leicht einen Faktor, der für unsere Gefühle und unser Verhalten von ganz entscheidender Bedeutung ist: unsere Gedanken.

Bleiben wir bei der Klasse, die von ihrer Lehrerin angeschrien wird. Die einen denken: »Ach, Frau Meier mal wieder. Ob die hier rumschreit oder in China eine Harke umfällt ...« Die Schülerinnen und Schüler, die so denken, bleiben völlig gleichgültig. Andere denken: »Das ist gemein, dass sie alle über einen Kamm schert. Ich bin immer fleißig. Warum schreit sie mich an? Das darf sie nicht!« Wer so denkt, empfindet Ärger. Und was denken die, die grinsen?

Glück ist im Gegensatz zu den drei großen »negativen« Gefühlen das eine frohe, »positive« Gefühl. Auch Freude dient unserem Überleben. Zusammen mit den »negativen« Gefühlen hilft sie uns, eine Orientierung im Leben zu finden. Angst, Ärger und Depression signalisieren uns: »Hier nicht lang.« Freude zeigt uns dagegen an: »Prima. Weiter so.«

Wir reagieren grundsätzlich so, wie wir die Situation einschätzen. Unsere Einschätzung erfolgt vor dem Hintergrund unserer bisherigen Erfahrungen, und das so blitzschnell, dass uns unsere Gedanken nicht alle bewusst werden.

Halten wir eine Situation für gefährlich, empfinden wir Angst und suchen das Weite. Wenn wir außer Gefahr sind und uns die Zeit dafür nehmen, können wir uns fragen: »Was dachte ich, als das und das passierte?« Wir können bei genügender Sensibilität für unser Innenleben und mit einiger Übung unsere Beweggründe erkennen. Manchmal erkennen wir dann auch, dass wir eine Situation falsch eingeschätzt und daher unangemessen reagiert haben.

Wir reagieren nur auf Gedanken, die wir für wahr halten. Wenn wir beim Anblick eines Pakets denken: »Das ist eine Bombe«, und ruhig bleiben, dann glauben wir nicht wirklich, eine Bombe vor uns zu haben. »Das ist vielleicht eine Bombe, aber wahrscheinlich ist es nur ein harmloses Paket«, denken wir in Wirklichkeit. Sind wir aber davon überzeugt: »Das ist mit Sicherheit eine Bombe!«, dann rennen wir, so schnell wir können, weg.

Grundsätzlich besteht zwischen Gedanken und Gefühlen folgender Zusammenhang:

Wenn wir etwas für gefährlich halten, ängstigen wir uns. Bevor wir uns ängstigen, schätzen wir die Situation und unsere Bewältigungsmöglichkeiten ein. Ein Löwe, der auf uns zuläuft, löst nur geringe Angst bei uns aus, wenn zwischen dem Löwen und uns ein stabiles hohes Gitter aufgebaut ist. Auch ein ordentliches Gewehr und positive Erfahrungen in Großwildjagd würden uns erlauben, gelassen zu bleiben.

Pessimistische Gedanken deprimieren uns. Wenn wir eine schlechte Meinung von uns, den anderen, der Welt und unserer Zukunft haben, sind wir unglücklich.

Aggressive Gedanken machen uns wütend. »Diese Dose muss aufgehen«, denken wir und hauen mit einem Hammer darauf. Alles, was muss, sollte oder nicht darf, treibt uns zur Raserei, wenn es gegen unseren Willen doch darf oder nicht muss. Mit Gewalt wollen wir es dann »unbedingt« erzwingen. Das ist das Gegenteil von Loslassen. Wir beißen und klammern uns fest.

Optimistische Gedanken machen uns glücklich und froh. Solange wir davon überzeugt sind, dass es uns gelingen wird, auch in Zukunft alle Probleme zu meistern und ein glückliches Leben zu führen, sind wir guter Laune. Eine gute Meinung von uns, anderen Menschen und der Welt im Ganzen trägt zu unserer guten Stimmung erheblich bei.

Das Lächeln des Buddha

Wir können denken, was wir wollen. Auch wenn die ganze Zeit ein nicht endender Strom von Gedanken, Erinnerungen, Zukunftsfantasien und Bildern durch unseren Kopf geht, so bestimmen wir doch, worauf wir unsere Aufmerksamkeit lenken. Wir können Gedanken festhalten, indem wir sie wiederholen oder aufschreiben. Wir können Gedanken auch loslassen. Zwar bringt es nichts, zu sagen: »Geh weg, du blöder Gedanke.« Dadurch halten wir ihn paradoxerweise fest. Aber wir können beharrlich und ausdauernd an etwas anderes denken. Früher oder später haben wir dann die lästigen Gedanken vergessen.

Für jemanden, der keine Übung im bewussten Umgang mit seinen Gedanken hat, mag dies am Anfang ungewöhnlich oder gar unmöglich klingen, aber mit zunehmender Aufmerksamkeit geht es leichter.

Ich möchte Ihnen eine kleine Übung vorschlagen: Wählen Sie irgendeine Silbe, ein Wort oder einen kurzen Satz, der Ihnen gefällt. Sie können auch nach dem Zufallsprinzip ein Wort aus dem Telefonbuch oder Wörterbuch aussuchen. Dann denken Sie einfach eine Minute lang die Silbe, das Wort oder den Satz. Probieren Sie es aus.

Welche Erfahrungen haben Sie dabei gemacht? Die meisten Menschen stellen fest, dass sie sich nicht einmal für eine Minute auf eine einzige Sache konzentrieren können. Früher oder später gehen ihnen irgendwelche anderen Gedanken durch den Kopf. Das ist vollkommen normal. Entscheidend ist aber, dass man immer wieder zu dem gewählten Wort zurückkehren kann, sobald man merkt, dass man abgeschweift ist. Es ist eine Frage der Aufmerksamkeit, ob und wann man merkt, was man denkt. Sobald man aufmerksam ist, hat man auch die Freiheit, zu denken, was man will. Sie können den Inhalt Ihrer Gedanken beinahe so wechseln wie die Fernsehprogramme.

Wenn man im Zustand der Geistesabwesenheit fernsieht, scheint das TV-Gerät zu bestimmen, was man sieht und hört. Schaltet man aber den Verstand ein, dann kann man entscheiden, welches Programm läuft.

Leider haben die Menschen mehr Erfahrung im Umgang mit

ihrem Fernsehgerät als mit ihrem Geist. Während sie mit der Fernbedienung nach Belieben hin und her zappen und entscheiden, ob sie Nachrichten, Krimis, Komödien, Sport oder Musikvideos sehen wollen, glauben sie ihren eigenen Gedanken ausgeliefert zu sein. Wenn man nie von der inneren »Fernbedienung« Gebrauch macht, dann ist das auch so.

Viele Menschen wünschen sich, sie könnten innerlich abschalten, wissen aber nicht wie. Das fällt manchen schon beim Fernsehgerät schwer, um wie viel schwieriger ist es dann bei einem selbst, zumal man für sich selbst keine Gebrauchsanleitung mitbekommen hat. Schaut man sich die verschiedenen Menschen an, bekommt man den Eindruck, dass einige einen besseren Gebrauch von sich selbst machen als andere. Diejenigen haben wahrscheinlich von ihren Eltern oder anderen gelernt, wie sie sich selbst am besten benutzen. Manche haben es auch nach dem Prinzip von Versuch und Irrtum herausgefunden.

Wie also kann man geistig für eine gewisse Zeit abschalten?

Eine Möglichkeit besteht darin, die Muskulatur des Kiefers, der Zunge und der Lippen zu entspannen. Wenn wir mit uns selbst reden, uns Gedanken machen, bewegen wir fast unmerklich alle Muskeln, die wir zum Sprechen brauchen. Gelingt es uns durch entsprechende Übung, diese Muskeln willkürlich entspannen zu können, dann kehrt Ruhe im Kopf ein. Edmund Jacobson hat diesen Vorgang in seinem Buch ›You must relax‹ (dt.: ›Entspannung als Therapie‹) bereits 1933 beschrieben.

Sie können auch meditieren, um abzuschalten. Die am Anfang dieses Abschnitts angegebene Übung ist im Prinzip eine Meditationsübung. Falls Sie mehr über Meditation wissen wollen, könnten Sie z. B. das Buch ›Zur Ruhe kommen‹ von Paul Wilson lesen. Meditation ist nichts Geheimnisvolles und muss auch nicht von einem Guru, Arzt oder Apotheker verschrieben werden.

Die Aufmerksamkeit, die man braucht, um die eigenen Gedanken erkennen und lenken zu können, kann durch Müdigkeit, Krankheit, Alkohol, Drogen und Medikamente beeinträchtigt sein. Ein klarer Verstand ist also Voraussetzung, um die eigenen Gedanken und Gefühle zu beherrschen.

In der Literatur des Buddhismus findet man zahlreiche Zitate, die belegen, dass der Buddha seine Gedanken und Gefühle nach Belieben beherrschen konnte. Nicht zuletzt aufgrund dieser Fähigkeit dürfte er es geschafft haben, ein tiefes inneres Glück zu erfahren, das sich nach außen in seinem Lächeln widerspiegelte.

Unabhängig von den Umständen

Nicht die Umstände bestimmen unsere Gefühle und unser Glück, sondern unsere Gedanken.

Aber nur die Gedanken, die wir für wahr halten, haben einen entscheidenden Einfluss.

Diese Erkenntnisse haben weitreichende Konsequenzen. Wir können unabhängig von unserer Umgebung glücklich oder unglücklich sein.

Eine schöne Umgebung macht uns nicht automatisch glücklich und eine hässliche Umgebung nicht unbedingt unglücklich.

Schmerzen, Anspannung, Hunger und Müdigkeit beeinträchtigen unser körperliches Wohlbefinden, bedingen aber nicht unmittelbar unser Unglücklichsein.

Umgekehrt sind wir nicht immer glücklich, bloß weil wir satt und ausgeschlafen sind.

Die Glücksstrategien Nr. 1 (eine angenehme Umgebung) und Nr. 2 (körperliches Wohlbefinden) bleiben aber gültig; denn den meisten Menschen fällt es unter solchen Umständen leichter, glücklich zu sein. Wir neigen dazu, uns in einer schönen Umgebung glückliche Gedanken zu machen. Auch wenn wir uns wohlfühlen, steigt die Wahrscheinlichkeit, so zu denken, dass wir glücklich sind. Aber wir besitzen die Freiheit, auch unter günstigen Umständen unglückliche Gedanken zu hegen.

Andererseits können wir uns kraft unserer Gedanken unter schlechten äußeren Bedingungen innerlich befreien. Diese innere Freiheit, auch unter den schlimmsten äußeren Umständen, hat sehr eindrucksvoll der Wiener Arzt und Begründer der Logotherapie, Viktor E. Frankl, in seinem Buch ›... trotzdem Ja zum Leben sagen‹ bezeugt. Frankl war von 1942 bis 1945 in verschiedenen Konzentrationslagern, darunter Theresienstadt und Auschwitz, von den Nazis gefangen gehalten worden. In seinem Buch schreibt er, »dass ein Rest von geistiger Freiheit, von freier Einstellung des Ich zur Umwelt auch noch in dieser scheinbar absoluten Zwangslage, äußerer wie innerer, fortbesteht..., *dass man dem Menschen im Konzentrationslager alles nehmen kann, nur nicht: die letzte menschliche Freiheit, sich zu den gegebenen Verhältnissen so oder so einzustellen. Und es gab ein ›so oder so‹!* (kursiv im Original) ... In letzter Hinsicht erweist sich das, was mit dem Menschen innerlich geschieht, was das Lager aus ihm als Menschen scheinbar ›macht‹, als das Ergebnis einer inneren Entscheidung. Grundsätzlich also kann jeder Mensch, und auch noch unter solchen Umständen, irgendwie entscheiden, was – geistig gesehen – im Lager aus ihm wird.« Frankl räumt aber ein: »Nur wenige haben sich im Lager zu ihrer vollen inneren Freiheit bekannt ... Aber wenn es auch nur ein einziger gewesen wäre – er genügte als Zeuge dafür, dass der Mensch innerlich stärker sein kann als sein äußerliches Schicksal, und nicht nur im Konzentrationslager.«

Frankl sagt, dass er sich immer wieder vorgestellt hat, wie er nach seiner Befreiung aus dem KZ in einem Hörsaal den ZuhörerInnen berichten würde, was er erlebt hatte. Diese Zukunftsvision hat ihm geholfen, zu überleben. Ohne einen Sinn in seinem Leiden zu sehen, hätte er nicht die Kraft zum Weiterleben gehabt.

Damit wir uns nicht missverstehen: Ich behaupte nicht und fordere auch nicht, dass man in Extremsituationen glücklich sein kann oder soll. Das Zitat von Viktor E. Frankl ist vielmehr ein Beleg dafür, dass die Gedanken eines Menschen unter keinen Umständen von den äußeren Verhältnissen abhängen. Die innere Freiheit, so oder so zu denken, sich so oder so zu fühlen und sich so oder so zu verhalten, bleibt jederzeit und überall erhalten.

Die meisten Gefangenen wussten, anders als Frankl, nicht, wie sie im Leiden einen Sinn und einen inneren Halt finden konnten. Aber, um wiederum Missverständnissen vorzubeugen, auch diejenigen, die über diese innere Kraft verfügten, konnten nur in Ausnahmefällen überleben.

Ich möchte dieses Beispiel so verstanden wissen: Wenn Menschen wie Viktor E. Frankl bewiesen haben, dass man innerlich nicht einmal in Extremsituationen den Umständen ausgeliefert ist, dann gilt dies erst recht in Alltagssituationen. Wir können trotz unserer alltäglichen Probleme und Schwierigkeiten glücklich werden.

Halten wir diese herausragend wichtige Erkenntnis fest: Nur unsere eigenen Gedanken können uns wirklich glücklich oder unglücklich machen. Kraft unseres Geistes sind wir relativ unabhängig von unserer Umgebung, unserem Körper und allen materiellen Dingen.

Wie man sich glückliche Gedanken macht

Die Vergangenheit, die Gegenwart und die Zukunft sind eine Fundgrube für unglückliche, aber auch für glückliche Gedanken.

Anstatt in unglücklichen Erinnerungen zu schwelgen, kann man genauso gut an all die schönen Momente und die angenehmen Zeiten denken, die man erlebt hat. Je häufiger man dies tut, umso mehr wird einem auch Gutes einfallen. Alles, worauf wir die Aufmerksamkeit lenken, hat die Tendenz zu wachsen. So wie eine unglückliche Erinnerung die nächste nach sich zieht, verbindet sich auch eine glückliche Erinnerung mit weiteren schönen Erlebnissen der Vergangenheit.

Die Gegenwart bietet ebenfalls genügend Stoff für glückliche Gedanken, wenn man bereit ist, sich dafür zu öffnen. Alles Schöne, das man sehen, hören, riechen, fühlen und schmecken kann, ist es wert, ihm seine Aufmerksamkeit zu schenken. Man kann sich gegebenenfalls die schöne Umgebung oder die schönen Teile einer hässlichen Umgebung vergegenwärtigen. Oder man kann an alle lieben Menschen denken, die man kennt.

Haben Sie etwas Leckeres im Kühlschrank, sind Sie gerade aus einem erholsamen Schlaf aufgewacht? Dies sind alles Momente, die es wert sind, sie sich bewusst zu machen. Fühlen Sie sich im Moment körperlich wohl? Dann genießen Sie bewusst den angenehmen Zustand des Wohlbefindens.

Jeder Gedanke, der auf reinen Tatsachen beruht, ist ebenfalls nützlich. Sie meinen, die Wahrheit nicht ertragen zu können? Dann ist es nicht die Wahrheit. Schon der griechische Philosoph Epiktet wusste vor 2000 Jahren: »Nicht die Tatsachen beunruhigen uns, sondern die Meinungen, die wir uns über die Tatsachen bilden.« Die reinen Tatsachen kann man besser ertragen als emotional gefärbte Bewertungen. Das Wort »Katastrophe« kann 500 Tote meinen oder ein misslungenes Essen. Wir gebrauchen gewichtige Worte wie »Katastrophe« oft leichtfertig für Lappalien und regen uns damit unnötig auf.

Auch Gedanken an die Zukunft können eine Quelle des Glücks sein. Kommende Freuden lassen sich gedanklich schon vorwegnehmen und auf diese Weise vervielfältigen. Wir haben wie immer die Wahl, ob wir optimistisch oder pessimistisch in die Zukunft schauen wollen. Pessimisten machen den Fehler, gegenwärtiges oder vergangenes Leiden für ewig zu halten und deshalb in die Zukunft fortzuschreiben. Deshalb erwarten sie nichts Erfreuliches mehr, und diese negative Erwartung hat die Tendenz, sich selbst zu erfüllen. Umgekehrt ist es bei Optimisten. Sie erwarten stets das Beste und wissen, dass Leiden vorübergeht. Die rosarote Brille, die sie tragen, sorgt zum Ärger der Pessimisten dafür, dass sie gesünder, erfolgreicher und glücklicher sind.

Erwartungen bestimmen die Wahrnehmung. Schauen Sie sich einmal um. Wie viele rote Gegenstände befinden sich in Ihrem Raum? So, und nun sagen Sie mir, ohne sich noch einmal umzuschauen, wie viele grüne Gegenstände sich in dem Raum befinden. Jetzt müssen Sie passen, weil Ihre Aufmerksamkeit auf »rot« gerichtet war. »Grün« und die anderen Farben haben Sie übersehen.

Die Wahrnehmung von Optimisten ist auf Erfreuliches gerichtet. Sie erwarten, angenehme Erfahrungen zu machen, und halten die Augen danach offen. Deshalb finden sie in der Regel auch Dinge, über die sie sich freuen können. Den Pessimisten ist das ein Rätsel, weil sie auf Negatives gepolt sind. Sie blenden das Glück aus.

Machen Sie es lieber wie die Optimisten. Machen Sie sich glückliche Gedanken über die Zukunft und richten Sie Ihre Aufmerksamkeit auf die erfreulichen Dinge.

Unglückliche Gedanken durch glückliche ersetzen

Sobald Ihnen bewusst wird, dass Sie leiden, können Sie sich fragen, was Sie für ein Gefühl empfinden. Ist es Ärger, Angst, Trauer, Enttäuschung? Was für ein Gefühl ist es?

Schätzen Sie auch die Stärke dieses Gefühls auf einer Skala von 0 bis 100 Prozent ein.

Dann fragen Sie sich: Welche Situation ging diesem Gefühl voraus? Beschreiben Sie die Situation, aber nennen Sie nur reine Tatsachen: Wer, was, wann, wo, wie?

Da Sie inzwischen wissen, dass nicht die Situation, sondern die Gedanken über die Situation Ihre Gefühle bestimmen, lautet die nächste Frage: Was ging Ihnen durch den Kopf, unmittelbar bevor Sie sich so fühlten? Welche Gedanken? Welche Bilder?

Stellen Sie sich die Situation noch einmal vor. Was denken Sie jetzt darüber? Wahrscheinlich ist das, was Sie jetzt denken, dasselbe, was Ihnen gleich in der Situation durch den Kopf ging, allerdings unbewusst.

Nicht alle Gedanken lösen Gefühle aus. Einige unserer Gedanken lassen uns völlig kalt. Sie lösen keine oder wenig Gefühle aus. Andere Gedanken rufen eine starke emotionale Resonanz hervor. Mit diesen »heißen« Gedanken können wir das entsprechende Gefühl sofort wieder abrufen (»Ich brauche bloß zu denken: … und schon bin ich wieder auf 180.«).

Wir suchen die »heißen« Gedanken und nehmen sie genauer unter die Lupe: Welche Tatsachen sprechen für die Richtigkeit dieser Gedanken? Gibt es Beweise, die die »heißen« Gedanken unterstützen?

Nehmen wir mal an, Sie seien wütend auf eine Kollegin. Sie hat Ihnen einen Text, den Sie geschrieben haben, zurückgegeben. Sie finden ihn auf Ihrem Schreibtisch vor, und ein Wort, das Sie falsch geschrieben haben, hat sie zweimal dick mit rotem Stift unterstrichen und ein großes Ausrufezeichen an den Rand geschrieben. Sonst gibt es keinen Kommentar von ihr.

Sie denken: »Sonst ist ihr nichts aufgefallen? Nicht eine positive Bemerkung! Denkt die, ich bin blöd, weil ich dieses Wort falsch geschrieben habe? Zweimal dick mit Rot unterstrichen! Sind wir hier in der Schule, oder was?« Als »heißer« Gedanke stellt sich »Denkt die, ich bin blöd?« heraus. Sobald Ihnen das durch den Kopf geht, flammt Ihr Ärger in voller Stärke wieder auf.

Welche Beweise unterstützen nun Ihre Idee, Ihre Kollegin könnte denken, Sie seien blöd?

– Sie hat das falsch geschriebene Wort zweimal mit Rot dick unterstrichen und außerdem noch ein großes rotes Ausrufezeichen an den Rand geschrieben. Das würden Sie umgekehrt bei einem Text Ihrer Kollegin nie machen.
– Es gibt keinen positiven Kommentar.
– Neulich hat Ihre Kollegin einmal laut gelacht, als Sie sich einen lustigen Versprecher geleistet haben.

So weit, so gut. Was spricht nun gegen den »heißen« ärgerlichen Gedanken, dass Ihre Kollegin Sie tatsächlich für blöd hält?

– Es gibt keinen negativen Kommentar.
– Im Allgemeinen verstehen Sie sich mit Ihrer Kollegin sehr gut.
– Vor kurzem hat sie Ihre Leistung im Kollegenkreis hervorgehoben und einen Vorschlag von Ihnen unterstützt.

Nun ist der Zeitpunkt für ausgewogenere Gedanken gekommen. Finden Sie Gedanken, die Ihnen helfen, sich besser zu fühlen, in diesem Fall also, sich zu beruhigen, beispielsweise: »Vielleicht wollte sie nur unbedingt verhindern, dass ich den Fehler übersehe und das Papier unkorrigiert weitergebe. Ich werde sie mal fragen, wie ihr der Text gefallen hat, und hören, ob sie noch etwas zu dem Schreibfehler sagt. Eigentlich verstehen wir uns doch ganz gut. Deshalb ist es unwahrscheinlich, dass sie mich herabsetzen will.«

Schätzen Sie ein, wie stark Sie an jeden dieser alternativen, ausgewogeneren Gedanken glauben. Danach schätzen Sie Ihr Gefühl noch einmal ein. Hat sich an seiner Stärke etwas geändert?

Wenn es Ihnen gelungen ist, Ihre »heißen« Gedanken abzukühlen, dadurch, dass Sie überzeugende andere Gedanken gefunden haben, ist Ihr Gefühl vom Anfang jetzt weniger intensiv.

Hier noch einmal im Überblick die Schritte, unglückliche Gedanken durch glückliche Gedanken zu ersetzen:

1. Was fühlen Sie (Angst, Ärger, Enttäuschung, Trauer, Neid)? Schätzen Sie die Stärke Ihres Gefühls ein (0 bis 100 Prozent).
2. Welche Situation ging dem Gefühl voraus? Was ist passiert? Wer, was, wann, wo?
3. Was ging Ihnen in der Situation durch den Kopf? Was dachten Sie? Was haben Sie sich vorgestellt? Was geht Ihnen jetzt zu der Situation durch den Kopf? Mit welchen Gedanken können Sie das Gefühl hervorrufen? Was müssen Sie denken, damit Sie gleich wieder ängstlich, ärgerlich, enttäuscht, traurig, neidisch sind? Spüren Sie die »heißen« Gedanken auf.
4. Welche Tatsachen unterstützen Ihre »heißen« Gedanken? Welche Beweise haben Sie für Ihre Annahmen?
5. Was spricht alles gegen Ihre »heißen« Überlegungen?
6. Finden Sie ausgewogenere Gedanken. Welche Gedanken helfen Ihnen, sich zu beruhigen? Was müssten Sie über die Situation denken, damit es Ihnen besser geht?
   Welche Gedanken machen Sie gelassener?
   Schätzen Sie ein, wie sehr Sie von Ihren alternativen Gedanken überzeugt sind (0 bis 100 Prozent).
7. Schätzen Sie Ihr Gefühl vom Anfang noch einmal ein (0 bis 100 Prozent). Hat es sich verändert?

Bei gemischten Gefühlen, also wenn Sie zum Beispiel sowohl Angst als auch Ärger spüren, müssen Sie für jedes Gefühl eine Überprüfung Ihrer Gedanken vornehmen.

Bei dieser Methode geht es darum, die unglücklichen Gedanken infrage zu stellen und nicht mehr an möglicherweise voreilige Schlüsse zu glauben. Man orientiert sich an den Tatsachen und sucht Beweise für und gegen seine »heißen« Gedanken.

Haben Sie im Moment Gefühle, die Ihnen zu schaffen machen? Ist etwas passiert, das Sie belastet? Dann könnten Sie sich Ihre Gefühle und Gedanken bewusst machen und sie an den Tatsachen und Beweisen messen. Orientieren Sie sich dabei an drei Fragen:

1. Entsprechen meine Gedanken den Tatsachen?
2. Welche Beweise gibt es für und gegen diese Gedanken?
3. Helfen mir meine Gedanken weiter?

Wie Sie Ihr Verhalten ändern können

Unsere Gedanken bestimmen auch unser Verhalten. Falls Sie also irgendein Verhalten ändern wollen, können Sie auch die im vorigen Abschnitt vorgestellte Sieben-Schritte-Umdenk-Methode benutzen. Sie ändern Ihr Verhalten, indem Sie Ihre Gedanken ändern.

Die Methode, die Allen Carr in seinem Buch ›Endlich Nichtraucher‹ vorstellt, basiert im Kern ebenfalls darauf, anders zu denken, und zwar in diesem Fall über das Rauchen und Nichtrauchen. Allen Carr, der selbst starker Raucher war, meint, dass alle Raucher Opfer einer Gehirnwäsche seien. Deshalb dächten sie nun: »Rauchen ist toll. Nichtrauchen ist Mist.« Carr lässt nichts unversucht, diese Gehirnwäsche rückgängig zu machen. Der Raucher soll sich davon überzeugen: »Rauchen ist Mist. Nichtrauchen ist toll.« Sofern er wirklich zu dieser neuen Überzeugung gelangt, ist er ein für alle Mal vom Rauchen befreit, verspürt kein Verlangen mehr danach. Im Gegenteil, er genießt jetzt das Nichtrauchen. Carr ist nicht an unglücklichen Nichtrauchern interessiert. Er will Raucher vom Fluch des Rauchens und vom Segen des Nichtrauchens überzeugen, weil Rauchen vor allem ein mentales Problem ist.

Ich stimme Carr zu. Glück und Unglück des Nichtrauchers sind abhängig von seinen Gedanken. Wenn er einerseits denkt: »Rauchen ist toll, aber rauch lieber nicht, es schadet deiner Gesundheit, der Arzt hat es dir verboten. Wenn du hart bleibst, schaffst du es«, und andererseits glaubt: »Nichtrauchen ist Mist. Waren das schöne Zeiten, als ich noch geraucht habe. Was würde ich dafür geben, mir eine anzustecken, ich armes Schwein!«, dann ist es unvermeidlich, dass er unglücklich und jeden Tag gefährdet ist, wieder anzufangen. Er muss innerlich hart kämpfen, damit in diesem Konflikt das Nichtrauchen die Oberhand behält.

Mit der Sieben-Schritte-Umdenk-Methode lassen sich Gefühle, Gedanken und Handlungen zwanglos ändern. Aufgrund eigener Einschätzungen erkennt man die Stärke der Gefühle und die »heißen« Gedanken. Wenn es einem nicht gelingt, sich vom Gegenteil des bisherigen Denkens zu überzeugen, wird jeder Versuch einer Verhaltensänderung auf schwachen Füßen stehen.

Überzeugende Gegenargumente kann man nur selbst finden. Argumente von anderen nützen nichts, wenn man nicht daran glaubt. Auf jeder Zigarettenpackung steht: »Rauchen gefährdet Ihre Gesundheit.« Aber jeder Raucher ist – wie Allen Carr sagen würde – so gehirngewaschen, dass er glaubt, er brauche Zigaretten unbedingt zu seinem Glück und zu seinem Wohlbefinden.

Wie ist es bei Ihnen? Gibt es ein Verhalten, das Sie gern aufgeben würden? Oder eines, das Sie gerne zeigen würden? Mit welchen Argumenten haben Sie sich bisher davon abgehalten, sich zu ändern? Überprüfen Sie diese Gedanken. Erst wenn Sie überzeugende Argumente gegen Ihr bisheriges Verhalten gefunden haben, sind Sie bereit, neues Verhalten auszuprobieren. Außerdem müssen Sie sich motivieren, anders als bisher zu handeln.

Nehmen wir noch einmal das Rauchen als Beispiel. Solange ein Raucher glaubt: »Rauchen ist toll«, ist er nicht bereit, sich aufs Nichtrauchen einzulassen. Denkt er: »Rauchen ist Mist«, ist er auch noch nicht richtig zum Nichtrauchen motiviert.

Die Gründe für das alte Verhalten müssen infrage gestellt und überzeugend entkräftet werden, sonst nützen auch die Argumente für das neue Verhalten wenig. Der Raucher wäre dann hin und her gerissen: »Rauchen ist toll und Nichtrauchen auch.« Wird sich jemand, der so denkt, konsequent gegen das Rauchen entscheiden?

Die Gedanken bestimmen, wie sich jemand verhält und wie er sich dabei fühlt. Am Verhalten zeigt sich, wovon jemand wirklich überzeugt ist. Alles andere ist Selbsttäuschung. Solange man redet, kann man sich und anderen etwas vormachen. Zum Schwur kommt es beim Handeln. Deshalb sollten wir auch Politikerinnen und Politiker an ihrem Verhalten und nicht an ihren Worten messen. Schöne Reden sind wertlos.

Sie können sich das Einüben neuen Verhaltens erleichtern, indem Sie es mental trainieren. SportlerInnen üben auf diese Weise. Und so funktioniert mentales Training: Sehen Sie vor Ihrem geistigen Auge die Situation, in der Sie Ihr neues Verhalten zeigen wollen. Denken Sie Ihre neuen Gedanken und verhalten Sie sich in Gedanken so, wie Sie es sich von nun an wünschen.

Ein Raucher würde sich beispielsweise vorstellen, wie er Zigaretten ablehnt, und dabei denken, wie toll es ist, endlich nicht mehr zu rauchen.

Durch solche Vorstellungsübungen kann man lernen, das neue Verhalten und die neuen Überzeugungen mit den typischen Situationen zu verbinden. Man muss die neuen Überzeugungen und Verhaltensweisen sofort parat haben, wenn es darauf ankommt. Sonst setzen sich die alten Gedanken und damit auch die alten Verhaltensweisen automatisch wieder durch. Gestehen Sie sich dabei Zeit zum Üben zu und seien Sie auf Rückschläge gefasst.

Typische unglückliche Gedanken und ihre Alternativen

Mit bestimmten Gedanken kann man sich im Nu unglücklich machen. Charakteristisch für diese Gedanken ist es, dass sie die Realität verzerren. Wir färben die Tatsachen auf negative Weise ein, ohne dass wir uns dessen bewusst sind.

Schauen wir uns ein rundes Dutzend dieser Gedanken (»die dreckigen Dreizehn«) an, mit denen wir uns häufig selber stressen:

1. *Unglücklicher Gedanke:*
   Alles-oder-nichts-Denken
   Typisch für dieses Denken sind Wörter wie immer, keiner, alle, nie. Es handelt sich um dieselbe Struktur wie beim Entweder-oder-Denken, auch Schwarz-Weiß-Denken genannt. Zwischen 0 und 100 Prozent scheint es nichts zu geben.
   »Immer lässt du deine Sachen liegen.« »Keiner liebt mich.« »Ich werde es nie schaffen.«

   Glückliche Alternative: **Sowohl-als-auch-Denken**
   Benutzen Sie lieber Wörter wie: manchmal, gelegentlich, einige, selten, überwiegend.
   »Einige lieben mich nicht.« »Das ist schief gegangen. Das nächste Mal könnte es klappen.« »Du lässt deine Sachen sehr oft liegen.«

2. *Unglücklicher Gedanke:*
Das Positive herunterspielen
Wer so denkt, übersieht das Gute, Wahre und Schöne. Oder setzt es herab: »Was ist das schon?« »Das zählt nicht.« »Ja, es ist mir gelungen, aber das hätte jeder gekonnt.« »Ich bin nur Hausfrau.« »Ich habe es nur bis zur 12. Klasse geschafft.«

Glückliche Alternative: **Das Positive würdigen**
Man richtet den Blick dabei auf alles, was erfreulich ist. Die positiven Dinge sind eine Basis. Von da aus kann man weitermachen. »Ich habe die Schule bis zur 12. Klasse geschafft.« Punkt.

3. *Unglücklicher Gedanke:*
Eine schlechte Zukunft voraussagen
Wir glauben allzu oft, die Zukunft zu kennen. Wir lesen Horoskope, hören die Wettervorhersage, lassen uns von »Wissenschaftlern« die wirtschaftliche Zukunft deuten, schauen in die Kristallkugel – und bei all dem halten wir uns für aufgeklärt und vernünftig.
Niemand kennt die Zukunft. Machen Sie den Test. Sagen Sie das nächste Wahlergebnis voraus. Nennen Sie die nächsten drei BundeskanzlerInnen mitsamt dem Jahr ihres Amtsantritts. Wie wird das Wetter im nächsten Sommer? Wie spielt die Fußballbundesliga am nächsten Samstag?
Immer hinterher setzen sich die Neunmalklugen zusammen und erklären genau, warum es gar nicht anders kommen konnte, als es gekommen ist.

Glückliche Alternative: **Eine gute Zukunft voraussagen**
Würden wir auf dem Boden der Tatsachen bleiben, könnten wir

103

uns viel Leid ersparen. Es wäre aber auch schon viel gewonnen, würden wir wenigstens eine gute Zukunft vorhersehen. Aber leider neigen wir häufig dazu, uns und anderen, ja der ganzen Welt eine schlechte Zukunft vorauszusagen.

Ein Beispiel dazu: Jemand hat bei seiner Arbeit einen Fehler gemacht. Sofort entfaltet sich in seiner Fantasie ein Horror-szenarium: Er wird gekündigt, findet nie wieder Arbeit. Das Haus muss verkauft werden. Die Ehe zerbricht.

Die Alternative sähe so aus: Die Chefin kritisiert seinen Fehler. Mehr nicht. Oder er wird zwar gekündigt, aber findet eine neue – bessere – Arbeit.

Gebrauchen Sie bei Ihren Gedanken an die Zukunft öfter das Wort »könnte«. Damit bringen Sie zum Ausdruck, dass Sie nicht wissen, was werden wird, sondern nur Vermutungen anstellen. Aus »Morgen regnet es bestimmt« wird dann »Morgen könnte es regnen«.

Seien Sie optimistisch. Natürlich denkt man oft an die Zukunft. Warum dann nicht das Beste annehmen?

Diese Haltung bewährt sich sogar bei Misserfolgen. Nehmen wir an, zwei Schüler fallen durch die Prüfung. Der eine dachte schon die ganze Zeit vorher, es nicht zu schaffen. Der andere war überzeugt, durchzukommen. Wer ist nun besser dran? Ich meine, der Optimist. Er hatte vorher eine gute Zeit. Meinen Sie, er sei nun enttäuschter als der Pessimist? Nicht, wenn er Optimist bleibt. Eine Niederlage ist kein Grund, anzunehmen, dass von nun an *alles immer* schiefgehen wird.

4. *Unglücklicher Gedanke:* **Gedanken lesen**

Eine andere Form, voreilige Schlüsse zu ziehen, ist das Gedankenlesen. Wir meinen zu wissen, was andere von uns denken. Wiederum neigen wir dann auch noch dazu, das Schlechteste anzunehmen. »Ich habe mich ungeschickt verhalten. Jetzt denkt sie bestimmt, ich bin ein Idiot.«

Glückliche Alternative: **Direkt fragen**
Kennzeichnen Sie Ihre Überlegungen als Vermutungen.
»Jetzt denkt sie bestimmt, ich bin ein Idiot« wird zu: »Es könnte sein, dass sie jetzt denkt, ich sei ein Idiot.« Anstatt darüber zu spekulieren, was andere denken, wäre es natürlich das Einfachste, sie zu fragen.

5. *Unglücklicher Gedanke:* **Etikettierungen**
Etikettierungen sind eine Form des Alles-oder-nichts-Denkens. Wir bezeichnen Menschen als Sieger, Versager, Helden, Kriminelle usw.
Das entspricht aber nicht der Realität. Dadurch, dass jemand zweimal oder 100-mal gesiegt hat, wird er nicht zu einem Sieger. Genauso wenig wie jemand ein Versager ist, weil er einmal oder mehrmals einen Misserfolg hatte.
Wenn eine Rennfahrerin zehnmal gewonnen und zehnmal verloren hat, ist sie dann eine Siegerin oder eine Versagerin? Wenn ein Soldat zwanzig Menschen getötet und zwanzig gerettet hat, ist er dann ein Mörder oder ein Held?
Die Realität ist nicht so schwarz-weiß, wie wir glauben. Wir hegen positive oder negative Vorurteile, wenn wir Menschen Etiketten verpassen.

Glückliche Alternative: **Aufhören zu etikettieren oder sich der Etikettierungen bewusst bleiben**
Natürlich dürfen wir uns im Alltag nachlässig ausdrücken, aber wir sollten uns bewusst bleiben, dass wir etikettieren und damit die Tatsachen verzerren.

6. *Unglücklicher Gedanke:* **Übertreibungen**

Boulevardzeitungen schreiben nach der Devise: Eine Lappalie ist ein Ereignis, ein Ereignis eine Sensation und eine Sensation eine Mega-Super-Turbo-Schlagzeile. Mit anderen Worten: Boulevardblätter übertreiben maßlos.

Damit treffen sie einen Nerv in uns. Auch wir neigen dazu, Ereignisse aufzubauschen. Kleine Missgeschicke halten wir gleich für Katastrophen, kleine Wehwehchen für tödliche Krankheiten. Aus einer Maus machen wir einen Elefanten.

Glückliche Alternative: **Sachlichkeit**

Ganz nüchtern bei den Tatsachen bleiben, das wäre eine gute Alternative. Guter Journalismus zeichnet sich durch die Trennung von Tatsachen und Meinungen aus. Erst die Fakten, dann der Kommentar.

Denken und reden Sie wie ein guter Journalist.

7. *Unglücklicher Gedanke:* **Verallgemeinerungen**

Um uns das Leben einfacher zu machen, verallgemeinern wir. Von einigen wenigen Erfahrungen schließen wir aufs Ganze. Aus ein paar Deutschen werden ›die Deutschen‹, aus wenigen Türken ›die Türken‹ oder gleich ›der Türke‹. Obwohl es ca. 75 Millionen Menschen, Frauen und Männer, deutscher Nationalität gibt, glauben manche, sie alle zu kennen. Ca. 64 Millionen Türkinnen und Türken werden komprimiert zu einem einzigen. Der Mann von Welt spricht auch gern vom ›Araber‹ oder ›Russen‹ oder ›Amerikaner‹.

Ca. 7 Milliarden Menschen mit den unterschiedlichsten Mentalitäten, Religionen, Kulturen, Lebensweisen werden eingebunden in Fragen wie: »Ist der Mensch gut oder schlecht?« Gerne werden auch Themen diskutiert wie: »Sind Tiere intelligent?«, obwohl angesichts dieser Frage eine andere drängender wird: »Sind Menschen intelligent?« Konrad Lorenz hat einen Redner, der von »den Tieren« sprach, gefragt, ob er jetzt von Amöben oder Gorillas rede.

Wir alle verallgemeinern nun mal über Gebühr. Angesichts der Vielfalt der Welt besteht ein Bedürfnis nach Vereinfachung, nach Übersicht. Der Preis dafür ist Ungenauigkeit und Verallgemeinerung.

Besonders aufpassen sollten wir aber, wenn wir unglücklich sind. Wir neigen dann dazu, unser gesamtes Leben für schlecht zu halten. Läuft es beispielsweise finanziell schlecht, haben wir die Tendenz, auch alle anderen Bereiche negativ zu bewerten.

Glückliche Alternative: **Sich auf den Einzelfall beziehen**

Das Gegenmittel heißt: sich auf den Einzelfall beziehen. Wir können uns der Verallgemeinerung unseres Alltagsdenkens und -redens bewusst bleiben und bei Bedarf konkretisieren.

Alles Mist? Was genau ist »alles«? Was ist trotz »allem« gut?

In einem buddhistischen Märchen heißt es, der Buddha habe einmal die Welt gerettet, und das kam so: Ein Kaninchen schlief unter einem Mangobaum, als plötzlich eine Mangofrucht herunterfiel. Das Kaninchen bekam einen Riesenschreck. Schlaftrunken wusste es nicht, was eigentlich passiert war, aber es war überzeugt, dass der Weltuntergang bevorstehe. Voller Panik begann es davonzurennen. »Warum läufst du so?«, fragten die Rehe. »Die Welt geht unter«, rief das Kaninchen. Da begannen auch die Rehe wegzulaufen. Und so schlossen sich immer mehr Tiere an, bis das ganze Tierreich in Aufruhr war.

Als der Buddha dies sah, fragte er die Tiere in der letzten Reihe des Zuges, weshalb sie wegliefen. Sie sagten ihm, die Welt gehe unter. Darauf fragte er sie, woher sie das wüssten. Sie deuteten auf die Tiere vor ihnen. So fragte der Buddha immer weiter, bis er zu dem Kaninchen kam. Als er diesem die Frage stellte, antwortete es: »Ich schlief unter einem Mangobaum. Plötzlich gab es einen Krach und eine Erschütterung, und ich dachte: ›Jetzt geht die Welt unter.‹«

Nun ging der Buddha mit dem Kaninchen und allen anderen Tieren zu der Stelle, wo das Kaninchen geschlafen hatte. Dort fanden sie die Mangofrucht unter dem Baum. Alle Tiere waren sehr erleichtert, als sie begriffen, was genau passiert war. Jetzt konnten sie wieder beruhigt ihrer Wege ziehen.

8. *Unglücklicher Gedanke: **Sich für alles verantwortlich fühlen***
Manche Menschen machen sich ein schlechtes Gewissen, indem sie zu viel Verantwortung übernehmen. Wenn sie ihr Brot nicht aufessen, glauben sie, sich an den Hungernden zu versündigen. Einige glauben sogar, dass sie den Hungernden etwas wegessen, so als ob die Ernährung auf der Erde ein Nullsummenspiel wäre: Was der eine bekommt, fehlt dem anderen. Auch wenn dies für einzelne Lebensmittel zutreffen mag, so sind die Ursachen für »den« Hunger auf der Erde doch etwas komplexer. Zumindest teilt jeder Einzelne mit 7 Milliarden anderen Menschen die Schuld am Hungerproblem.

*Glückliche Alternative: **Die Verantwortung gerecht verteilen***
Während einige Menschen sich für alles verantwortlich fühlen, was auf dieser Erde schiefgeht, glauben andere, für rein gar nichts etwas zu können. Überlegen Sie sich genau, wie viel Verantwortung Sie für etwas tragen. Sie machen die Welt nicht dadurch besser, dass Sie andere entlasten. Aber auch nicht dadurch, dass Sie sich von allem freisprechen.

TYPISCHE UNGLÜCKLICHE GEDANKEN UND IHRE ALTERNATIVEN

9. *Unglücklicher Gedanke:* **Den kleinen Diktator spielen**

Dies ist eines der beliebtesten Spiele. Es geht so: »Ich muss.
Du musst. Er muss, sie muss, es muss. Wir müssen. Ihr müsst.
Sie müssen.« Eine Variante lautet: »Ich sollte. Du solltest. Er
sollte, sie sollte, es sollte. Wir sollten. Ihr solltet. Sie sollten.«
Und noch eine Variante: »Ich darf nicht. Du darfst nicht. Er darf
nicht, sie darf nicht, es darf nicht. Wir dürfen nicht. Ihr dürft
nicht. Sie dürfen nicht.«

Wir lieben es, uns und anderen, ja der ganzen Welt, Vorschriften
zu machen. Alles hat so zu sein, wie wir uns das vorstellen.
Und wehe, es ist anders. Dann plustern wir uns auf, versuchen
andere einzuschüchtern und greifen gelegentlich zu Gewalt.

Wenn wir nicht freiwillig das bekommen, wovon wir meinen, es
unbedingt haben zu *müssen*, dann wollen wir es erzwingen und
spielen den kleinen Diktator. Ein paar Gestörte spielen sogar
den großen Diktator. Aber es ist ein Spiel, bei dem wir öfter verlieren als gewinnen; denn wir, die anderen und die Welt leiden
unter unserem Zwang und unter der Gewalt, die wir uns selbst
und anderen zufügen. Und außerdem beweist uns die Welt
immer wieder, dass sie nicht *muss*, wie wir es verlangen. Viel
Stoff für Frustrationen und Leid!

Der Versuch, eine kleine oder große Diktatur zu errichten,
scheitert regelmäßig. Es ist nur eine Frage der Zeit. Darüber
muss man sich keine Sorgen machen. Aber unter einer Diktatur
leiden die Opfer wie die Täter. Oder stellen wir uns Hitler und
Stalin etwa als glückliche Menschen vor?

Warum wollen wir überhaupt etwas erzwingen? Ich komme
auf die Argumentation zurück, die ich im Kapitel »Streben Sie
etwas Erfreuliches an« entwickelt habe. Wenn wir vergessen,
dass wir die Wahl zwischen verschiedenen Alternativen haben,
fangen wir an zu glauben, dass wir auf eine einzige Möglich-

keit angewiesen sind. Wir meinen, dass wir es nicht ertragen könnten, auf eine bestimmte Option zu verzichten.

Hierzu ein einfaches Beispiel: Immer wieder kann man beobachten, wie Menschen zu einer bestimmten U-Bahn laufen, als gelte es ihr Leben. Tatsache ist, dass wenige Minuten später die nächste U-Bahn kommt. Und trotzdem glauben diese Unglücklichen: »Ich muss diese U-Bahn bekommen.« Dafür sind sie bereit, sich von den Türen einklemmen zu lassen, zu stürzen und ein Bild der Verzweiflung abzugeben.

Wie gesagt, die nächste U-Bahn kommt bereits nach wenigen Minuten. Und wenn es wirklich so eilig ist, warum dann kein Taxi? Man könnte vor einer Verabredung auch anrufen und um etwas Geduld bitten, weil man sich ein paar Minuten verspäten wird. Oder, oder, oder. Es gibt so viele Möglichkeiten.

Glückliche Alternative: **Einen Sinn für Freiheit entwickeln**
Es kommt vor allem darauf an, sich immer wieder daran zu erinnern, dass man jederzeit mehrere Möglichkeiten hat. Gelassenheit und Fantasie sind alles, was man braucht, um im Denken und Handeln beweglich zu bleiben.

Wenn Sie das Wort »muss« durch »könnte« ersetzen, sind Sie auf dem besten Weg, Ihren Sinn für Wahlfreiheit zu entwickeln. »Ich muss heute Abend noch das Geschirr spülen. – Nein, ich könnte das Geschirr heute Abend noch spülen. Ich könnte es aber auch lassen oder nur einen Teil abwaschen oder eine Zeit lang von Papptellern essen oder eine Geschirrspülmaschine kaufen. Ich könnte sofort abwaschen oder in einer Woche oder mehr Geschirr kaufen.«

Sobald Sie sich oder eine andere Person das Wort »müssen« aussprechen hören, tun Sie gut daran, genau zu prüfen, ob es wirklich nur eine einzige Möglichkeit gibt.

10. *Unglücklicher Gedanke:* **Etwas für unerträglich halten (dramatisieren)**

Jeder, der behauptet, etwas nicht ertragen zu können, wider-
legt sich selbst. Sonst müsste er sofort zusammenbrechen. Wir
machen uns die Dinge aber unnötig schwer, wenn wir uns und
andere davon überzeugen wollen, etwas sei unerträglich.

In Wirklichkeit wollen wir zum Ausdruck bringen, dass wir leiden. »Wie du mit mir sprichst, das ist ganz und gar unerträglich«
soll heißen: »Ich leide darunter, wie du mit mir sprichst.«

Durch eine übertriebene Wortwahl beeinflussen wir uns in
ungünstiger Weise selbst. Indem wir uns einreden, etwas sei
unerträglich, verlieren wir wertvolle Zeit, nach besseren Alternativen Ausschau zu halten.

Ich kenne eine Person, die immer, wenn sie einen schlechten
Tag hat, sagt, dass sie nicht mehr leben möchte. Es hat mich
längere Zeit gekostet zu begreifen, was sie wirklich meint, nämlich dass sie sich momentan nicht wohlfühlt.

Glückliche Alternative: **Die Dinge für erträglich halten (ent-
dramatisieren)**

Selbstverständlich ziehen wir bestimmte Erlebnisse anderen
vor. Aber auch die Erfahrungen, die wir nicht mögen, können
wir ertragen.

Sobald Sie sich oder andere sagen hören: »Ich kann das nicht
mehr ertragen«, übersetzen Sie es in: »Ich mag das wirklich
nicht. Es ist hart. Aber es geht auch so.«

Achten Sie auf Ausdrücke wie »Es ist furchtbar, schrecklich, ich
kann es nicht aushalten, dass ...«. Zugegeben, die jetzige Situation mag nicht das sein, was Sie oder andere sich wünschen. Ja,
vielleicht wäre es anders besser. Aber es geht auch so.

*11. Unglücklicher Gedanke: **Eine schlechte Meinung von sich, von anderen und der Welt haben***

Der amerikanische Psychologe Aaron T. Beck hat herausgefunden, dass depressive Menschen eine schlechte Meinung von sich und anderen haben. Sie sehen die Welt und ihre Zukunft negativ.

Grundlage für die allermeisten Depressionen ist tiefer Pessimismus.

*Glückliche Alternative: **Eine gute Meinung von sich, von anderen und der Welt haben***

Die Welt ist, wie sie ist. Wir können sie durch eine schwarze oder eine rosarote Brille sehen. Psychisch gesunde, glückliche Menschen sehen sich, ihre Mitmenschen und die Zukunft durch eine rosarote Brille.

Ob man die Suppe oder das Haar in ihr sieht, das ist eine persönliche Entscheidung und weder eine Eigenschaft der Suppe noch des Haares.

12. Unglücklicher Gedanke:
Unglück für beständig halten

Alles dreht sich, alles bewegt sich. Wir sausen auf der Erdkugel um die Sonne, die Erde dreht sich, und der Mond umkreist die Erde. Wir werden geboren, entwickeln uns von Babys zu Teenagern und Twens, bekommen selber Kinder oder auch nicht, reisen umher, tun dies und jenes, und irgendwann zerfällt unser Körper zu Staub.

Eigentlich erstaunlich, dass wir da ausgerechnet unser Leiden für beständig halten! Kinder haben einen begrenzten Zeithorizont. »In einer Woche« klingt für sie wie »nie«. Aber auch wir als erwachsene Kinder glauben, dass wir nie wieder glücklich sein werden, obwohl es in Wirklichkeit nur Minuten, Stunden oder Tage, im schlimmsten Fall vielleicht Wochen oder Monate sind, in denen wir uns überwiegend unglücklich fühlen.

Glückliche Alternative:
Unglück für vorübergehend halten
Glück kommt, Glück vergeht. Leider. Unglück kommt, Unglück geht. Das ist tröstlich. Gefühle sind unbeständig. Deshalb können wir uns darauf verlassen, dass positive und negative Stimmungen sich abwechseln.

13. *Unglücklicher Gedanke:*
Ungünstige Vergleiche ziehen
Wollen Sie das Patentrezept für ewige Unzufriedenheit kennenlernen? Finden Sie immer etwas, was Sie im Moment nicht besitzen, und reden Sie sich ein, dass Sie es haben *müssten*, um glücklich zu sein.

Sie sind schön? Bestimmt gibt es jemanden, der schöner ist, jedenfalls wenn Sie das glauben.»Spieglein, Spieglein an der Wand, wer ist die Schönste im ganzen Land? ...«

Sie sind reich? Bestimmt besitzt jemand mehr als Sie. Genau genommen kann es nur einen einzigen Menschen auf der Welt geben, der von sich behaupten kann, der Reichste zu sein. Alle anderen sind im Vergleich zu ihm ärmer.

Sie haben ein schönes Auto? Bestimmt steht bei anderen ein noch schöneres vor der Tür.

Gefällt Ihnen Ihre Wohnung, Ihr Haus wirklich? Wirklich wirklich? Gäbe es da nicht noch bessere? Sie haben es in Ihrem Beruf weit gebracht? Andere sind weiter gekommen!

Ganz schön deprimierend, oder?

Glückliche Alternative:
Günstige Vergleiche ziehen

Gemach, gemach. Sie können mit Leichtigkeit viel mehr Leute finden, denen es schlechter geht als Ihnen. Das, was Sie jetzt langweilt, ist das, was Sie vor noch gar nicht so langer Zeit unbedingt haben wollten.

Millionen Menschen sind hässlicher, ärmer, dümmer als Sie. Aber vielleicht zufriedener und glücklicher, weil sie keine ungünstigen Vergleiche ziehen. Genießen Sie das, was Sie sind und haben. Manch anderer würde sich mit Ihrem jetzigen Besitz, Freundeskreis, Können und Aussehen ein glückliches und zufriedenes Leben machen.

Und jetzt kommt der Clou: Andere sind neidisch auf *Sie!* Sie hätten gern, was Sie haben, glauben, wenn sie so wären wie Sie, könnten sie glücklich sein. So ist das eben in dieser unvollkommenen Welt. Eine wahre Tragödie. Tragödie? Nein, Komödie!

So, jetzt kennen Sie die dreckigen Dreizehn, die typischen unglücklichen Gedanken, die so verbreitet sind und die wir immer wieder denken. Aber Sie sind jetzt sensibilisiert. Sobald Sie »sollte, muss, ich kann das nicht ertragen« und die anderen unglücklichen Denkweisen hören, können Sie innehalten, um diese Gedanken zu überprüfen: Stimmt das? Hilft mir das weiter, so zu denken?

Gehen Sie die Liste durch und überlegen Sie, ob Sie anfällig für bestimmte typische unglückliche Gedanken sind. Falls ja, *müssen* Sie umdenken. Oder?

Manche Gefühle ändern sich langsam

Möglicherweise erwarten Sie, dass es Ihnen sofort 100-prozentig gut geht, sobald Sie Ihre unglücklichen Gedanken durch glückliche ersetzt haben. Oft geht es einem tatsächlich in dem Augenblick spürbar besser, in dem man die Quelle seines Unglücks entdeckt und verändert hat. Aber – leider nicht immer und leider nicht immer sofort und nicht so sehr, wie man sich dies wünscht. Es ist eine unvollkommene Methode in einer unvollkommenen Welt.

Sie können sich das so vorstellen: Sie gehen in einen dunklen Tunnel hinein. Wenn Sie umkehren, ist es immer noch dunkel, aber Sie sehen jetzt Licht am Ende des Tunnels. Unter der Bedingung, dass Sie sich daran orientieren und Schritt für Schritt darauf zugehen, gelangen Sie hinaus und befinden sich wieder im Hellen. Es dauert jedoch eine Weile, bis sie dort angekommen sind. Es dauert eine Weile, bis sich etwas ändert. Und erwarten Sie bitte nicht, dass es nun keine Schattenseiten mehr geben wird. Sobald man aufhört zu rudern, treibt man zurück. F. M. Alexander, der Begründer einer Haltungs- und Bewegungsschule, hat auf die Frage, ob er seine eigene Methode immer noch selbst anwende, gesagt: »Ich wage nicht aufzuhören.« Wir leben in einer Kultur, die uns immer wieder unglückliche Philosophien und unglückliche Fantasien anbietet. Deshalb ist es notwendig, mit dem Um- und Andersdenken fortzufahren.

Wie stabil ist Ihr glückliches Denken?

Glücklich zu denken ist die eine Sache. Eine andere ist es, dieses Denken auch in schwierigen Situationen beizubehalten.

Nehmen wir an, Sie können gute Texte schreiben und möchten als Journalistin arbeiten. Ihr Ziel ist es, sich bei einer namhaften

Zeitung einen guten Ruf als Feuilletonredakteurin zu verschaffen und Artikel zu schreiben, die beachtet werden.

Sie trauen sich diese Arbeit zu, sind optimistisch und fangen an, sich bei Redaktionen zu bewerben. Kommentarlos erhalten Sie Ihre Unterlagen nach kurzer Zeit zurück.

Wann beginnen Sie nun zu glauben, dass Sie es doch nicht schaffen werden, dass Sie kein Talent haben, dass alles sinnlos ist? Nach einer Absage, nach 10, nach 100? Wie lange behalten Sie die Kraft, weiterzumachen und gegebenenfalls nach neuen Strategien zu suchen, um Ihr Ziel zu erreichen? Können Sie sich vorstellen, Ihr Ziel jahrelang, ja ohne Zeitlimit, trotz negativer Reaktionen zu verfolgen?

Wann fangen Sie an zu zweifeln? Wie sehr? Hindern Ihre Zweifel Sie weiterzumachen? Glauben Sie nach den Misserfolgen, dass es besser wäre aufzuhören?

Zweifel an sich sind vollkommen normal. Jeder, der Fantasie hat, wird auch an Misserfolge denken. Die Frage ist nur, ob man sich davon beeinflussen lässt. Gelangen Sie aufgrund der Fehlschläge zu der Überzeugung, dass Sie es *nie* schaffen werden? Oder glauben Sie weiter unbeirrt, Ihr Ziel zu erreichen?

Die Absagen durch erfahrene Redakteure, die Ihre eingereichten Textproben geprüft haben, könnten natürlich bedeuten, dass Ihnen wirklich das Zeug zu einer Journalistin fehlt. Dann wären Ihre Zweifel aufgrund der Absagen begründet.

Andererseits, wenn Sie über Selbstkritik verfügen und Ihre Artikel, gemessen an dem, was in Zeitungen erscheint, gut finden, warum sollten Sie dann aufgeben? Woher wollen Sie sicher wissen, dass die Redaktionen sich überhaupt die Mühe machen, Ihre Arbeiten zu lesen?

Am schwierigsten ist es, weiterzumachen, wenn man sich auf nichts weiter als den reinen Glauben stützen kann, es irgendwann zu schaffen. Der Grat zwischen Traumtänzerei und robustem Optimismus kann sehr schmal sein. Die Biografien erfolgreicher Frauen und Männer zeigen, dass große Ausdauer und ein stabiles Selbstvertrauen für den Erfolg unerlässlich sind. Phasen großer Zweifel müssen nicht, können aber vorkommen. Entscheidend ist allein, ob man trotzdem weitermacht oder nicht.

Wie viele Misserfolge Sie verkraften können, hängt davon ab, wie Sie darüber denken. Halten Sie eine lange Durststrecke und etliche Hindernisse auf Ihrem Weg für normal, fällt es Ihnen relativ leicht, ruhig und konzentriert die nächsten Schritte zu unternehmen. Ist der Umgang mit Hindernissen für Sie dagegen ungewohnt oder sind Sie der Überzeugung, sofort Erfolg haben zu müssen, kommen Sie ohne eine neue Einstellung und die Bereitschaft, dazuzulernen, nicht weiter.

Ein besonderes Handicap ist stabiles unglückliches Denken. Manche Menschen setzen das Umdenken zu ihren Ungunsten ein. Sie stellen jeden vernünftigen Gedanken infrage und übernehmen unbesehen den größten Schwachsinn. Die Wahlfreiheit ermöglicht auch solche Entscheidungen. Auch diese Fälle sind jedoch nicht hoffnungslos. Im Gegenteil: Manchmal kommen diejenigen am weitesten, die ganz von vorne anfangen und sich jedes Detail in mühevoller Kleinarbeit aneignen müssen.

Kann man andere glücklich oder unglücklich machen?

Nicht wenige Menschen übernehmen ungeprüft die Meinungen von anderen. Sie sehen die Welt mit den Augen der anderen und fühlen daher wie sie.

Andere dagegen verstehen überhaupt nicht, was andere Menschen bewegt, weil sie nur ihre eigene Sichtweise als Maß aller Dinge nehmen.

Beide Einstellungen haben Vor- und Nachteile. Verständnis und Einfühlungsvermögen sind Zeichen emotionaler Intelligenz. Sie erleichtern die Kommunikation und begünstigen Erfolg, Gesundheit und Glück. Andererseits können zu viel Verständnis und Mitgefühl die Durchsetzung der eigenen Interessen erschweren.

Unverständnis und mangelndes Einfühlungsvermögen dagegen behindern warmherzige Beziehungen zu anderen Menschen. Aber es ist auch wichtig, sich von anderen abgrenzen und distanzieren zu können.

Nehmen wir einmal an, jemand urteilt negativ über Ihr Aussehen. Wenn Sie seine Meinung ungefiltert übernehmen, ist Ihre gute Laune dahin. Sie sehen nun selbst nichts Gutes mehr an sich. Sie können sich aber auch distanzieren, die negative Bewertung zur Kenntnis nehmen und Ihre eigene positive Meinung beibehalten. Wie stark Sie sich von anderen beeinflussen lassen, entscheiden Sie selbst.

Andere Menschen können einen demnach weder glücklich noch unglücklich machen. Ebenso wenig können wir die Gefühle anderer Menschen bestimmen. Aber stimmt das wirklich? Sieht es nicht manchmal so aus, als mache das, was wir sagen oder tun, die anderen unmittelbar glücklich oder unglücklich?

Wir schenken einem Freund etwas, und er freut sich darüber. Haben wir ihn dann nicht glücklich gemacht? Andererseits, haben Sie noch nie jemandem etwas geschenkt und der andere hat sich nicht oder kaum gefreut? Waren Sie auch dafür verantwortlich? Oder entscheidet der andere jedes Mal selbst, wie er reagieren will?

Wir sagen etwas, und der andere weint. Sind wir dann für sein Unglück verantwortlich? Wir erzählen einen Witz, und der andere lacht. Haben wir ihn zum Lachen gebracht? Wir erzählen noch einen Witz, und der andere lacht nicht. Ist das unsere Schuld? Entscheidet der andere, was er lustig findet? Entscheidet er auch, worüber er weint und worüber nicht?

Ein anderes Beispiel: Eine Frau trennt sich von ihrem Freund. Er war schon, bevor sie sich kennenlernten, im Grunde seines Herzens davon überzeugt, nicht liebenswert zu sein. Seine negative Grundüberzeugung wurde durch ihre Liebeserklärungen eine Zeit lang überdeckt. Nun reißt die alte Wunde wieder auf. Ist die Freundin daran schuld? Nein, sie ist für seine Grundüberzeugungen nicht verantwortlich. Es ist seine Aufgabe zu erkennen, dass sein Selbstwert und sein Glück nicht von dieser noch von irgendeiner anderen Frau abhängen, sondern dass ihm – wie allen anderen Menschen auf dieser Welt auch – diverse Möglichkeiten offenstehen, sich selbst glücklich zu machen. Sobald er in der Lage ist, sich selbst zu lieben, ist die Wunde geschlossen und seine Abhängigkeit beseitigt.

Die folgende Geschichte zielt in dieselbe Richtung: Ein Artist und eine Artistin beschließen, auf einem Marktplatz ein Kunststück vorzuführen. Der Artist sagt zu seiner Kollegin: »Du stellst dich auf meine Schultern. Dann passe ich auf dich auf, und du passt auf mich auf. So gehen wir sicher über den Marktplatz.« Die Artistin ist damit nicht einverstanden. Sie meint: »Lass es uns anders machen. Du passt auf dich auf, und ich passe auf mich auf. Auf *diese* Weise kommen wir sicher über den Marktplatz.«

Diese Geschichte scheint mir für alle Beziehungen der Schlüssel zum Glück. Anstatt zu sagen: »Ich mache dich glücklich und du machst mich glücklich«, achtet jeder darauf, die eigenen Bedürfnisse zu erfüllen, und lebt auf solche Weise mit dem anderen glücklich zusammen. Leider wünschen sich viele, dass andere ihnen die Wünsche von den Lippen ablesen. Aber Menschen können eben nicht die Gedanken der anderen lesen (vgl. oben »Typische unglückliche Gedanken und ihre Alternativen«). Wer allein glücklich sein kann, der wird darauf bedacht sein, auch mit einem anderen Menschen glücklich zusammenzuleben. Eine Partnerschaft soll schließlich zu keiner Verschlechterung führen.

Als Kinder sind wir nicht in der Lage, unsere Bedürfnisse selbst zu erfüllen. Wir brauchen andere, die erkennen, was uns fehlt, und es uns geben. Mit der Zeit verinnerlichen wir diese elterliche Fürsorge. Der Entwicklungsprozess ist gelungen, wenn wir in unseren Meinungen, Gefühlen und Handlungen von unseren Eltern unabhängig geworden sind und keine anderen Personen an ihre Stelle setzen müssen.

Unabhängige Menschen sind nicht darauf angewiesen, geliebt zu werden, sondern frei, sich selbst und andere um ihrer selbst willen zu lieben.

Kann man also andere glücklich oder unglücklich machen? Nein, das steht nicht in unserer Macht. Therapeuten würden viel dafür geben, wenn sie depressive Menschen glücklich machen könnten. Sie können ihnen aber nur den Weg weisen, sich selber glücklich zu machen. Ob die Klienten diese Hilfe annehmen, das liegt in ihrem eigenen Ermessen. Die meisten tun es, aber es ist ein Ausdruck menschlicher Freiheit, dass einige sich dagegen entscheiden.

Mit dem Leid der Vergangenheit klug umgehen

Menschen leiden nicht unter der Vergangenheit, sondern unter der Gegenwart der Vergangenheit. Indem sie an alte unerfreuliche Erlebnisse denken und diese in ihrer Vorstellung lebendig werden lassen, erleben sie erneut das alte Leid.

Wohl jeder kennt Menschen, die immer wieder die alten Geschichten hervorholen, um aufs Neue zu jammern und zu klagen. Sie lasten ihr Leid anderen an. Diese mögen zwar früher schuld an den Geschehnissen gewesen sein, sie sind aber nicht dafür verantwortlich, dass die Betroffenen die schlechten Erinnerungen nun immer wieder auffrischen.

Gelegentliche schlechte Erinnerungen können auch ungewollt im Bewusstseinsstrom auftauchen. Diese Phänomene laufen mehr oder weniger chaotisch und zufällig ab. Aber wir entscheiden darüber, ob wir einen Gedanken festhalten oder nicht.

Eine schlechte Vergangenheit kann man nicht ungeschehen machen. Man kann sie nur durch eine erfreuliche Gegenwart und Zukunft ersetzen. Wem nützt das Jammern und Klagen über längst vergangene Ereignisse?

Ich meine damit nicht, sich die Vergangenheit abzuschneiden. Sie ist Teil der Biografie. Aber man sollte sich den Zugang zu den möglichen Freuden der Gegenwart nicht verschließen, indem man immer wieder die Vergangenheit aufleben lässt. Aus rostigem Blech kann man auch durch wiederholte Anstrengungen kein Gold machen.

Tagträume – von einem Gedanken zum anderen

Nicht nur nachts, nein, auch tagsüber träumen wir. Die Vergangenheit, ob fern oder nah, ersteht wieder vor unseren Augen. Zukunftsfantasien, ob schön oder erschreckend, gehen durch unseren Kopf. Romane, Filme und Nachrichten des Tages füllen unser Bewusstsein. Das ist in Ordnung. Menschen sind so.

Wir tun aber gut daran, darauf zu achten, was wir tagsüber träumen. Alle Bilder und Gedanken, die uns beunruhigen, deprimieren oder wütend machen, sollten wir überprüfen und – soweit sie uns nicht weiterhelfen – durch bessere ersetzen.

Problematisch sind nicht die Gedanken an sich. Gedanken kommen und gehen. Nur wenn wir sie festhalten, sollten wir darauf achten, ob dies zu unserem Nutzen oder Schaden ist.

Gedanken kann man nach Belieben loslassen, indem man sie durch andere Bewusstseinsinhalte ersetzt. Man kann an etwas anderes denken, innere meditative Ruhe anstreben oder sich auf die gegenwärtige Umgebung konzentrieren. Bestimmte Gedanken kehren öfter zurück. Auch wenn sie uns unangenehm sind, können wir davon ausgehen, dass sie irgendeine positive Botschaft enthalten. Wir müssen nur herausfinden, welche. Manchmal ist es auch nur ein Test, ob wir in der Lage sind, sie immer wieder loszulassen.

Wir können augenblicklich glücklich sein. Wir sind immer nur einen Gedanken vom Glück entfernt. Leider gilt auch das Umgekehrte. Wir können uns von einem Augenblick auf den anderen unglücklich machen; denn auch das Unglücklichsein ist nur einen Gedanken von uns entfernt.

Unsere Gedanken zu ändern, kostet weder viel Zeit noch Mühe. Von einer Sekunde auf die andere sind wir in einer anderen Welt. Probieren Sie es aus. Stellen Sie sich dazu Folgendes vor: den Eiffelturm – einen Gorilla – eine Rose.

Erinnern Sie sich an: eines Ihrer frühesten Erlebnisse aus der Kindheit – LehrerInnen aus Ihrer Schulzeit – eine Ihrer früheren Wohnungen.

Denken Sie an: eine Melodie, die Sie gut kennen – einen Witz, den Ihnen irgendwann jemand erzählt hat – die Stimme Ihres Vaters oder Ihrer Mutter.

Nehmen Sie wahr: was Sie um sich herum sehen – Geräusche, die Sie im Moment hören – die Körperempfindungen, die Sie gerade jetzt im Sitzen, Stehen oder Liegen haben.

Überlegen Sie kurz: was Sie heute Abend tun werden – was Sie am Wochenende unternehmen werden – wo Sie Ihren nächsten Urlaub verbringen werden.

Machen Sie die Übung vielleicht noch einmal und achten Sie besonders darauf, ob Sie gern, ungern oder ohne irgendwelche Emotionen an die diversen Dinge denken.

Ihre Aufmerksamkeit und Ihre Gedanken wurden bei dieser

Übung auf die Vergangenheit, Gegenwart und Zukunft gelenkt. Sie betrafen drei Ihrer fünf Sinne: das Sehen, Hören und Fühlen, zum Teil rein imaginativ, zum Teil real. Es handelte sich um minimale Ausschnitte Ihres Lebens, einige wenige Punkte, auf die Sie Ihre Aufmerksamkeit richten können. Sie entscheiden, ob und wie lange Sie bei einem dieser Punkte verweilen wollen. Sie können nach Belieben von einem Punkt zum anderen gehen. Sie können aber auch einen oder mehrere längere Zeit festhalten.

Genauso machen Sie es — bewusst oder unbewusst — die ganze Zeit. Sie entscheiden, woran Sie denken und wie lange.

Auch beim Fernsehen suchen Sie sich aus, wie lange Sie etwas sehen und hören wollen. Sie machen zwar nicht die Programme, aber Sie entscheiden, ob und wie lange Sie zusehen oder -hören wollen. Bei Horrorfilmen bekommen Sie Angst, bei Komödien lachen Sie, und bei tragischen Filmen weinen Sie, immer vorausgesetzt, dass Sie das Unheimliche, Komische und Tragische überzeugend finden. Sonst lachen Sie auch bei Horrorfilmen. Der Fernseher bestimmt weder, ob Sie etwas anschauen noch wie lange Sie dies tun.

Auch Ihre Gedanken bestimmen nicht, ob Sie sie ernst nehmen, ob Sie sich mit ihnen beschäftigen oder gleich wieder loslassen. Wie beim Fernsehen können Sie hin und her schalten. Sie müssen nicht alles ernst nehmen oder überhaupt für wahr halten.

Das meiste, was wir denken, sind reine Fantasien. Wir träumen mit offenen Augen. Achten Sie beim Tagträumen auf Ihre Gefühle. Wenn Sie Angst, Ärger oder Trauer verspüren, ohne dass Sie es wollen, dann ändern Sie es. Denken Sie an etwas anderes, oder denken Sie anders über die Sache, mit der Sie sich beschäftigen.

Möchten Sie glücklich sein? Dann denken Sie an etwas Erfreuliches. Träumen Sie von etwas Schönem. Tagsüber haben Sie die Wahl.

Das Kurzprogramm: Die vier großen Gefühle
und ihre Alternativen

Angst, Ärger, Depressionen auf der einen und Freude auf der anderen Seite sind die vier Gefühle, die im Alltag eine zentrale Rolle spielen. Wie alle Gefühle hängen auch diese großen Vier von bestimmten Gedanken ab. Wir wollen uns im Folgenden die typischen Gedanken ansehen, mit denen wir bewusst oder unbewusst die unseren Alltag bestimmenden Gefühle auslösen.

1. *Angst*

Angst spüren wir, wenn wir etwas, das uns viel bedeutet, in Gefahr sehen. Wir können unsere Gesundheit, unser Leben, unsere finanzielle Existenz, geliebte Menschen oder Tiere, bestimmte Überzeugungen und Werte in Gefahr sehen.

Mit etwas Fantasie können wir alles Mögliche für bedroht halten. Was ist schon sicher? Die Zukunft ist ungewiss.

Die Alternative: **Vertrauen**

Die Kluft zwischen der Wahrscheinlichkeit und der Gewissheit, dass wir in Sicherheit sind, können wir nur durch Vertrauen überbrücken. Wir können nie 100-prozentig sicher wissen, ob unsere Befürchtungen eintreffen werden oder nicht. Aber wir können vertrauen. Vertrauen gibt uns ein Gefühl der Sicherheit. Wir erwarten, dass alles gut gehen wird.

Wir müssen nicht blind vertrauen. Soweit möglich, sollten wir uns informieren, die Dinge prüfen und kontrollieren. Aber dann kommt der Punkt, an dem wir vertrauen müssen, es sei denn, wir wollen in ständiger Angst und Sorge leben.

2. *Ärger*

Ärger kommt durch rigide Forderungen an uns oder unsere Umwelt zustande. Der kleine Diktator ist am Drücker und ärgert sich, wenn seine Anweisungen »An alle« nicht befolgt werden. Erinnern Sie sich an die Melodie des kleinen Diktators: »Ich muss, du musst, er muss, sie muss, es muss ...«?

Die Alternative: **Toleranz**

Ärger kann nur durch Gelassenheit und Toleranz überwunden werden. Wir versuchen unseren Willen durchzusetzen und unsere Ziele zu erreichen, aber wenn das Universum uns unsere Wünsche im Moment nicht erfüllen will, dann können wir das ertragen und Alternativen finden, um glücklich zu werden.

3. *Depressionen*

Unter Depression verstehe ich Enttäuschung, Resignation, Niedergeschlagenheit, Traurigkeit, Gefühle der Hilflosigkeit und Ohnmacht.

Wir fühlen uns oft nach Verlusten deprimiert. Verluste allein reichen aber noch nicht aus. Es muss noch die Überzeugung dazukommen, diese Verluste nie wieder ersetzen zu können. Wir müssen die Welt und die Zukunft schwarzmalen, um richtig deprimiert zu sein.

Die Alternative: **Optimismus**

Verluste sind unvermeidbar. Solange wir aber fest daran glauben, dass das Glück uns zwar gelegentlich, aber nie auf Dauer verlässt, wird sich unser Leid in Grenzen halten. Mit einer optimistischen Einstellung erwarten wir, dass wir die Kraft haben, Verluste zu ersetzen und unsere Ziele zu erreichen, dass wir es so oder so schaffen werden, glücklich zu sein. Wir erwarten immer das Beste.

Zuversicht ist keine Einstellung nur für gute Tage. Im Gegenteil: Sie muss sich dann bewähren, wenn es hagelt und schneit. Optimisten rechnen damit, dass früher oder später wieder die Sonne scheinen wird.

4. Freude

Freude beruht auf dem Gedanken: »Das ist toll.« Wir freuen uns auf alles, was wir super, großartig, prima finden. Je nach unseren Bedürfnissen wechselt das, was uns begeistert. Sind wir hundemüde, freuen wir uns über ein bequemes Bett. Nach drei Grippetagen im Bett freuen wir uns, wieder in der Gegend herumspringen zu können. Wir denken: »Ist das toll!«, und sind glücklich.

Die Alternative: Unglücklichsein

Die Alternative zum Glücklichsein ist nicht erfreulich. Sobald wir denken: »Das ist Mist!«, sind wir unglücklich. Das Unglücklichsein kann traurig, ärgerlich oder ängstlich gefärbt sein, je nachdem welche Gedanken überwiegen.

Gefühle bewusst kreieren

Im Prinzip können Sie das vorliegende Buch in einer beliebigen Reihenfolge lesen. Aber diese Übung werden Sie wahrscheinlich erst machen können, wenn Sie die 5. Glücksstrategie bis hierher vollständig gelesen haben. (Dies für diejenigen, die nur einzelne Kapitel dieses Buches lesen.)

Stellen Sie sich vor, dass Ihnen beim Aufräumen ein Trinkglas zerbricht. Was müssten Sie denken, damit Sie

- sich ärgern oder gelassen bleiben
- traurig werden oder gut gelaunt bleiben
- sich ängstlich oder sicher fühlen
- sich freuen oder unglücklich werden?

Probleme als Prüfungen und verkappte Freunde

Probleme testen unsere Fähigkeit, uns auch in schwierigen Situationen glückliche Gedanken zu machen. Wenn alles gut läuft, kann es jeder. Meisterschaft beweist sich erst in schwierigen Situationen.

Wenn es keine Herausforderungen gäbe, könnten wir unsere Widerstandsfähigkeit nicht zeigen. Nur in ärgerlichen Situationen können wir Gelassenheit beweisen, nur bei traurigen Gelegenheiten unseren Optimismus und nur in beängstigenden Situationen unser Vertrauen. In unglücklichen Situationen können wir unsere Fähigkeit zur Freude behaupten.

Um Missverständnissen vorzubeugen: Es geht nicht darum, Gefühle wegzudrücken oder Trauer, Sorgen oder Ärger nicht zuzulassen. Es geht auch nicht darum, eine heile Scheinwelt zu schaffen. Sie sollen nicht so tun, als ob Sie sich nicht ärgern. Stehen Sie zu Ihren Gefühlen. Erlauben Sie sich zu fühlen. Eine vorgetäuschte und zwanghaft glückliche Welt wäre zutiefst inhuman.

Genauso wichtig ist es aber zu wissen, dass wir unseren Gefühlen nicht ausgeliefert sind. Wir haben ein gewichtiges Wort mitzusprechen, wie oft, wie lange und wie sehr wir uns ärgern, ängstigen, freuen oder trauern.

Wir können unsere Gefühle – wann immer wir wollen – eine Zeit lang loslassen und uns andere Gedanken machen und dann zu unseren Gefühlen zurückkehren. Wir müssen nicht immer dasselbe empfinden – wenn wir nicht immer dasselbe denken. Es geht nicht um Gefühlskälte oder Robotersein, sondern um Freiheit. Sie brauchen nicht zu befürchten, dass Sie Ihre Fähigkeit zu fühlen verlieren, sobald Sie bewusster mit Ihren Gedanken und Gefühlen umgehen. Solange Sie leben, werden Sie denken und fühlen.

Der Alltag als Übung

Jeden Tag passieren Dinge, die uns nicht passen. Wir können darauf mit Wut, Resignation und Sorgen reagieren, aber auch mit Gelassenheit, Optimismus und Vertrauen.

So gesehen, ist der Alltag das beste Trainingsfeld, das man sich wünschen kann. Je mehr Bewusstheit Sie entfalten, desto besser werden Sie zurechtkommen. Sie werden nicht mehr auf jede Palme steigen, die man Ihnen hinstellt. Misserfolge werden Sie seltener aus der Bahn werfen, und nicht jede Ungewissheit wird Ihnen Sorge bereiten.

Ihr Leben wird mit zunehmender Erfahrung im Umgang mit Ihren Gedanken, Vorstellungen und Gefühlen stressfreier werden. Aber vergessen Sie nicht: Sie leben in einer unvollkommenen Welt, Sie werden nicht perfekt werden. Erwarten Sie nicht, es irgendwann geschafft zu haben. Gute Trainer lassen sich immer wieder etwas Neues einfallen, um ihre Schüler weiterzuentwickeln. Das Leben selbst ist ein unübertrefflicher Trainer und gibt uns immer wieder etwas Neues zu lernen.

Achten Sie auf Ihre Gefühle und wenden Sie die Sieben-Punkte-Umdenk-Methode an. Ersetzen Sie typische unglückliche Gedanken durch glücklichere. Auch das Kurzprogramm kann Ihnen helfen, glücklicher zu leben.

Machen Sie sich Ihre Wahlmöglichkeiten bewusst. Wenden Sie

sich vom Unglück ab und dem Glück zu. Ersetzen Sie Probleme durch Lösungen.

Lassen Sie es sich im Alltag, Tag für Tag, körperlich gut gehen, nicht nur am Wochenende oder im Urlaub. Halten Sie sich möglichst oft in schönen Umgebungen mit freundlichen Menschen auf. Experimentieren Sie gelegentlich mit ungewöhnlichen Reaktionen. Nehmen wir das Beispiel mit dem zerbrochenen Trinkglas. Anstatt wie üblich zu denken »So ein Mist«, probieren Sie es mal mit »Das bringt Glück«. Finden Sie überzeugende Gründe, warum es nicht nur Nachteile, sondern auch Vorteile hat, wenn etwas kaputt geht.

Dem Erfinder Thomas Edison ist einmal seine Fabrik abgebrannt. Er war nicht sonderlich betrübt darüber, sondern sah die Chance darin, noch einmal von vorne anfangen zu können.

Fragen Sie sich angesichts von Problemen: Was könnte gut daran sein? Wie kann ich diese Situation zu meinem Vorteil nutzen?

Probleme können verkappte Freunde sein, die uns helfen, dazuzulernen und uns weiterzuentwickeln.

Dem Wetter und anderem trotzen

Ein Lottogewinn, eine Beförderung, Sonnenschein – unter solchen Umständen ist es einfach, glücklich zu sein. Aber wenn es regnet, Ihnen jemand blöd kommt, der Zahnarzt Ihnen gerade einen Zahn gezogen hat, dann ist es eine hohe Kunst, trotzdem glücklich zu sein.

Wir können aber den schlimmsten Umständen trotzen. Diese Erkenntnis kann sehr befreiend sein. Wir dürfen, aber müssen unter den Härten des Lebens nicht zusammenbrechen. Wir dürfen es, weil nirgendwo geschrieben steht, dass wir alles aushalten müssen. Aber wir dürfen und können auch dem Schicksal trotzen.

Wenn wir ohne Schirm und Regenkleidung unterwegs sind und es plötzlich in Strömen regnet, warum nicht den Wassermassen trotzen? Nass werden wir so oder so. Warum dann nicht singend und pfeifend durch die Pfützen springen, anstatt mit eingezogenem Kopf und Miesepetermiene fluchend durch die Gegend zu stapfen?

Wenn jemand Sie ärgern will, warum bleiben Sie nicht gelassen? Behalten Sie Ihre gute Laune! Denjenigen, der Sie unglücklich machen will, wird nichts so sehr treffen, als wenn Sie glücklich bleiben. Voller Wut zurückzuschlagen ist das Übliche, was jeder Angreifer erwarten darf. Behalten Sie Ihre Freiheit. Lassen Sie Ihre Reaktion nicht von anderen bestimmen. Glücklich zu bleiben, das ist das Ärgste, was Sie Ihrem Gegner antun können.

Im Übrigen schließt diese Haltung nicht aus, dass Sie sich wehren, wenn es nötig ist. Aber Sie tun es, ohne sich Ihre gute Laune vermiesen zu lassen.

Das Programm für Fortgeschrittene:
Das Schlimmste annehmen und es bewältigen

Hier kommt der Härtetest. Vermutlich hat jeder in seiner Fantasie ein paar Situationen, die er auf keinen Fall (wieder)erleben möchte.

Solange wir diese Fantasien unbearbeitet lassen, belasten sie uns, weil sie die ganze Zeit im Hintergrund lauern und uns nie ganz glücklich werden lassen.

Einer der Psychologen, die ich am meisten schätze, heißt Albert Ellis. Seine Stärke ist es, den Finger auf die Wunde zu legen und auch für »schreckliche« Situationen Lösungen anzubieten, Situationen, von denen andere lieber gar nicht reden.

Zum Beispiel: Ein Klient leidet unter Depressionen, weil er Schwierigkeiten am Arbeitsplatz hat und meint, niemand würde ihn mögen. Viele Therapeuten würden ihm nun klarmachen wollen, dass unter den vielen Kollegen bestimmt ein paar sind, die gerne mit ihm zusammenarbeiten. Sie würden ihn darauf hinweisen, dass er die netten Kollegen bestimmt übersieht, oder würden irgendwelche Mutter-Vater-Kind-Projektionen durchspielen wollen.

Ellis dagegen würde vermutlich sagen: »O. k., nehmen wir mal an, kein einziger Kollege mag Sie. Na, und? Was ist daran so schlimm? *Müssen* Sie von allen geliebt werden?« Er würde ihm klarmachen, dass er auch ohne die Liebe und Wertschätzung seiner Kollegen ein relativ glückliches und zufriedenes Leben führen kann. Das ist rau, aber herzlich.

Der amerikanische Psychologe Arnold Lazarus wiederum behandelt nicht nur akute Probleme, sondern bereitet seine Klienten auch auf voraussehbare Schwierigkeiten vor. Zum Beispiel wird die Elternschaft für ein junges Paar mit Kindern ein paar typische Probleme mit sich bringen, die man voraussehen und bewältigen kann.

Erziehungsprobleme, Erkrankungen, der Tod geliebter Menschen, Trennung oder Scheidung, Kündigung des Arbeitsplatzes, finanzielle Engpässe sind ganz normale Probleme, die im Laufe des Lebens vorkommen oder vorkommen können. Werden wir selbst davon betroffen, reagieren wir jedoch überrascht, so als hätten wir geglaubt, *uns* könne das nicht passieren. Wir stecken lieber den Kopf in den Sand, als uns auf die möglichen Wechselfälle des Lebens vorzubereiten.

In der Schule lernt man Rechnen, Schreiben und Lesen, aber wie man mit seinem Leben fertig wird, das gehört nicht zum Ausbildungsprogramm. Das ist Sache der Eltern oder bleibt einem selbst überlassen. Die Lehrerinnen und Lehrer wissen mit Stress und den Problemen des Lebens im Allgemeinen auch nicht besser umzugehen als der Durchschnitt.

Wir tun so, als sei unser Leben ewig, dabei trifft ein Cartoon von

Gary Larson den Nagel auf den Kopf: »Leute, eines muss ich euch sagen: Hier kommt keiner lebend raus.«

Bleiben wir beim Thema »Sterben und Tod«. Auf der Erde herrscht ein ständiges Kommen und Gehen. Täglich sterben allein aus Altersgründen 200 000 bis 300 000 Menschen. Eine größere Zahl noch wird täglich neu geboren.

Wie kommen Sie mit der Vorstellung Ihres eigenen Endes zurecht? Der Tod wird in unserer Gesellschaft verdrängt. In Kinofantasien kehrt er dann in entstellter und dramatisierter Form zurück. Diese Fantasien besetzen die Vorstellungswelt so stark, dass in den USA Kinder fragen: »Wer hat Großvater erschossen?«

Studien zeigen, dass Ärztinnen und Ärzte besonders viel Angst vor dem Tod haben. Vermutlich haben viele von ihnen den Beruf überhaupt deshalb ergriffen, um den Tod mit allen Mitteln, manchmal sogar gegen den Willen der Patientinnen und Patienten, bekämpfen zu können.

Heute erklären uns nicht Priester und Philosophen, sondern Physiker und Biologen, was es mit dem Leben und dem Tod auf sich hat, und gutgläubig halten wir alles für wahr, was sie uns erzählen, und beten es nach.

Damit will ich nicht sagen, dass die Vorstellungen der Priester irgendwie tröstlicher waren. Denken Sie nur an die beängstigenden Höllenfantasien vieler Religionen. Aber die mit religiöser Gewissheit vorgetragene These einiger Wissenschaftler, dass es kein Weiterleben nach dem Tod gebe, ist auch kein Fortschritt.

Ich weiß nicht, was Geburt, Leben und Tod letztlich bedeuten. Im Grunde genommen ist die ganze Existenz rätselhaft. Hinsichtlich des Todes scheint es mir hilfreich, sich entweder gar nichts zu denken oder Überlegungen anzustellen, die einem gut tun. Beweise, die einer Überprüfung standhalten, gibt es auf diesem Gebiet ohnehin nicht. Unter Theologen und Wissenschaftlern sind alle wichtigen

Fragen umstritten. Deshalb kann man sich frei fühlen, zu denken, was man will.

Was einem guttut, das ist individuell verschieden. Der eine bevorzugt den Glauben an eine Wiederauferstehung nach dem Tod in einer anderen Welt, ein anderer sieht sich lieber im Nichts verschwinden, der nächste fühlt sich mit dem Gedanken an eine Wiedergeburt auf der Erde wohl, und so weiter.

Was man glaubt, ist letztlich gleich. Nur sollte man sich nicht mit unbewiesenen Fantasien plagen und sich auch nichts dergleichen einreden lassen. Albert Ellis, der sonst eher rational denkt, meint wie viele moderne westliche Menschen auch, wir hätten nur dieses eine Leben, und er ermahnt uns, diese einzige Chance zu nutzen. Ich weiß nicht, wo er diese Gewissheit hernimmt, rational und empirisch unterlegt ist das jedenfalls nicht. Die gängigsten Argumente gegen eine Wiedergeburt – »Ich kann mich an frühere Existenzen nicht erinnern und habe auch noch keinen Toten auf dieser Erde wiedergetroffen« – überzeugen nicht. Viele Menschen können sich nicht einmal daran erinnern, wo sie vorgestern waren und was sie an diesem Tag gemacht haben, geschweige denn vor ihrer Geburt. Viele haben auch Schwierigkeiten damit, Menschen, die sie lange nicht gesehen haben, wiederzuerkennen. Schauen Sie sich einmal Ihre Kinder- und Jugendfotos an. Sehen Sie etwa immer noch so aus? Wie wollen Sie dann Leute, die Sie vielleicht 300 Jahre nicht gesehen haben, wiedererkennen? Damit will ich nicht die Wiedergeburtsthese nachweisen, sondern die Gewissheit des Nichts nach dem Tode infrage stellen und dafür plädieren, dass Sie sich frei fühlen können, auf diesem Gebiet zu glauben, was Sie wollen.

Komischerweise würden viele Christen gerne noch einige Male wiedergeboren werden, glauben aber nicht daran, während Buddhisten an ihre Wiedergeburt glauben, sich aber bei dem Gedanken nicht wohlfühlen, weil sie vor allem das Leiden im Leben sehen.

Der griechische Philosoph Thales von Milet lehrte, dass es zwischen Leben und Tod keinen Unterschied gebe. Daraufhin fragten ihn Kritiker, warum er dann nicht sterben wolle. Seine Antwort: weil es keinen Unterschied gebe.

Ich meine, dass sich diejenigen, die sich mit dem Gedanken trösten, geliebte Menschen später einmal wiederzusehen, klüger verhalten als ihre »aufgeklärten« Zeitgenossen, die unter dem Gedanken leiden, dass mit dem Tod alles vorbei sei.

Noch eine Anregung: Falls der Gedanke an den Tod Sie plagt, warum beunruhigt Sie der Gedanke an die Zeit vor Ihrer Geburt nicht? Unsere Existenz zerfällt in drei Phasen: vor der Geburt, jetzt und nach dem Tod. Das Jetzt ist einigermaßen klar, die Zeit vor der Geburt keinen Gedanken wert, nur die Zeit nach dem Tod scheint manchmal etwas zu sein, vor dem wir uns fürchten müssten. Halten Sie es doch lieber wie mit der Zeit vor der Geburt. Oder erwarten Sie für die Zeit nach dem Tod etwas Erfreuliches.

Angst ist nur durch Vertrauen und Gelassenheit zu überwinden. Gegen die Angst vor dem Tod helfen dieselben Mittel. Nicht wenige Menschen haben generell Angst vor der Zukunft, egal ob im Leben oder nach dem Tod. Darin liegt eine Chance. Wenn es diesen Menschen gelingt, generell mehr Vertrauen in die Zukunft zu haben, dann schließt dies die Zeit nach dem Tod mit ein.

In seinem Buch ›How to stubbornly refuse to make yourself miserable about anything – yes anything!‹ (dt.: ›Training der Gefühle. Wie Sie sich hartnäckig weigern, unglücklich zu sein‹) bringt Albert Ellis Situationen zur Sprache, die beinahe alle Menschen stark belasten würden, so etwa

- entlassen zu werden, nachdem man endlich den Traumjob gefunden hat

- bei einem Unfall einen Arm, ein Bein oder das Augenlicht zu verlieren
- an der Börse ein großes Vermögen zu verspielen
- von einem geliebten Menschen verlassen zu werden
- etwas nicht mehr tun zu können, das einem sehr viel Spaß gemacht hat, wie etwa der Beruf, Sport oder Sex.

Was müssten Sie denken und tun, um, wie Ellis sagt, »unter den ungünstigsten Umständen ohne Trauer und manchmal sogar glücklich« leben zu können?

Erinnern Sie sich an den Abschnitt »Akzeptieren, auswählen, anfangen« im vorigen Kapitel. Der entscheidende Dreh besteht darin, sich von den Umständen nicht lähmen zu lassen, sondern sie zu akzeptieren. Dann kommt es darauf an, sich den positiven Möglichkeiten zuzuwenden, die einem geblieben sind bzw. die man neu entdecken kann.

Die unglücklichen Situationen zu einem glücklichen Ende zu denken und diese Happy Ends in die Tat umzusetzen, ist eine sehr kraftvolle und wirksame Strategie.

Tröstlich finde ich es auch, dass man mit seinem Leiden nie allein ist. Es gibt nichts – wirklich nichts –, was andere nicht auch schon erlebt hätten. Die Reaktionen der Menschen auf schlimme Situationen sind sehr unterschiedlich. Ich empfehle Ihnen, sich für Menschen zu interessieren, die solche Situationen relativ gut überstanden haben. Finden Sie heraus, was die widerstandsfähigsten Leute gedacht und getan haben. Ben Furman lässt in seinem Buch ›Es ist nie zu spät, eine glückliche Kindheit zu haben‹ (vgl. auch S. 147) Menschen zu Wort kommen, die eine schwere Kindheit hatten. Sie berichten, wie sie diese Zeit überlebt und verarbeitet haben. Ähnliche Bücher gibt es für praktisch alle Leiden, die Menschen jemals ertragen mussten. Leider erfährt man nicht von allen, welche

Strategien sie angewendet haben. Aber genügend Menschen haben nicht nur ihr Leiden, sondern auch die Kräfte beschrieben, mit denen sie die schlimmen Zeiten überstanden haben.

Sie müssen nicht alles selbst herausfinden. Lassen Sie sich von anderen, die bereits mehr Erfahrungen haben, helfen. Lesen Sie entsprechende Bücher, fragen Sie Betroffene, surfen Sie im Internet.

Falls Sie an Menschen denken, die mit schlimmen Situationen nicht fertig geworden sind, sind Sie vielleicht entmutigt und haben Angst vor diesen oder ähnlichen Situationen. Aber negative Erfahrungen beweisen nicht, dass etwas nicht geht. Der Tiroler Bergsteiger Reinhold Messner hat sich vor Expeditionen, bei denen vor ihm alle gescheitert waren, sorgfältig erkundigt, was diejenigen getan bzw. nicht getan haben. Danach wusste er, was er nicht wiederholen durfte. Er hat bei seinen Expeditionen etwas anderes versucht, und seine Erfolge haben ihm recht gegeben.

Von anderen zu lernen ist eine universelle Methode, um das Leben zu meistern und zu genießen. Machen Sie reichlich Gebrauch davon.

6 WÜNSCHEN SIE ANDEREN GLÜCK

Was möglich ist

Ein glückliches Leben schließt den Wunsch, dass auch die anderen glücklich sein mögen, mit ein. Allen Lebewesen Glück zu wünschen und sich mit ihnen verbunden zu fühlen, gibt einem das Gefühl, Teil einer großen Familie zu sein.

Michail Gorbatschow hat zum Beispiel von dem »gemeinsamen Haus Europa« gesprochen. Die Menschheit als Familie zu sehen, fördert die Solidarität. Eine gute Familie zeichnet sich durch Wohlwollen und Unterstützung aller Mitglieder aus.

Liebe entsteht durch liebevolle Gedanken. Sie ist aber nur echt, wenn die liebevollen Gedanken wahr sind, das heißt einer ehrlichen Überzeugung entsprechen. Nur zu denken »was für ein reizender, netter Mensch« bringt überhaupt nichts, wenn man diesen Menschen in Wirklichkeit hasst.

Würden wir in einer vollkommenen Welt leben, könnten wir alle Menschen ohne Unterschied lieben. Tatsächlich aber schaffen wir es nicht, alle 7 Milliarden Menschen von ganzem Herzen zu lieben, es sei denn um den Preis der bewussten oder unbewussten Scheinheiligkeit. Bestimmte Menschen mögen wir einfach weniger als andere.

Man *muss* auch nicht alle Menschen, die man trifft, lieben. Es besteht die Möglichkeit, die unfreundlichen links liegen zu lassen und sich den angenehmen Menschen zuzuwenden. Freundliche, wohlwollende Menschen zu mögen, fällt einem leicht.

Erster Schritt: Selbstliebe

Liebe ist sicherlich eines der Themen, über die die meiste Verwirrung herrscht. Einmal ganz davon abgesehen, dass Liebe als Synonym für Sexualität herhalten muss, wird Liebe an die Stelle vieler anderer Konzepte gesetzt, die mit Liebe nicht das Geringste zu tun haben.

Versuchen wir es der Einfachheit halber mit der Erkenntnis, dass sich die wahre Überzeugung in den Handlungen und nicht in den Worten oder Gedanken zeigt. Wenn jemand eine andere Person schlecht behandelt, dann hat das, was immer derjenige erklärt, mit Liebe nichts zu tun. Auch wer sich selbst schlecht behandelt, liebt sich nicht, was immer er oder sie darüber denken und anderen erklären mag.

Liebe zeigt sich an der Wirkung. Fühlen sich ein Mensch, ein Tier oder eine Pflanze geliebt, dann entfalten sie sich und blühen auf. Es entsteht Zuneigung statt Gleichgültigkeit oder Abneigung. Lebewesen haben normalerweise ein Gespür dafür, was ihnen gut tut. In ungünstigen Umgebungen halten sie sich nur auf, wenn sie nichts Besseres kennen oder keine Alternative haben.

Der amerikanische Psychotherapeut Carl Rogers hat sein gesamtes Therapiekonzept auf Liebe gegründet. Er war der Überzeugung, dass Liebe heilt.

Ein Mensch, der sich liebt, ist daran interessiert, sich und seine wechselnden Bedürfnisse zu verstehen und zu erfüllen. Entsprechend bedeutet die Liebe zu anderen Wesen, deren Bedürfnisse zu erkennen, ernst zu nehmen und zu erfüllen.

Warum nun zuerst Selbstliebe? Ich glaube, dass Liebe etwas mit Überfluss zu tun hat. Bleiben die eigenen Bedürfnisse andauernd unerfüllt, sind Menschen frustriert und aggressiv. Unglückliche Menschen tendieren dazu, sich und andere zu hassen. Solcher Hass kann sich in Gleichgültigkeit, Ablehnung, Feindseligkeit und Gewalt manifestieren.

Gradmesser für die Verbreitung von Liebe und Glück in einer Gesellschaft ist die Sozial- und Ausländerpolitik. Verhalten sich Politiker und ihre Anhänger aggressiv und feindselig gegenüber Schwachen und Ausländern, ist dies ein Alarmsignal für die politische Kultur. Der wahre Test einer Zivilisation ist das Ausmaß an Liebe und Mitgefühl, die ihre Mitglieder aufbringen können.

Zufriedene Menschen sind liebevoller und entspannter. Sie fühlen sich glücklich und möchten auch andere glücklich sehen. Deshalb begegnen sie ihnen freundlich und wohlwollend.

Deshalb möchte ich Ihnen vorschlagen, erst einmal ein tiefes Verständnis, Mitgefühl und Wohlwollen für sich selbst zu entwickeln. Was brauchen Sie von anderen Menschen, damit Sie sich geliebt fühlen? Was sollen die anderen von Ihnen denken? Was sollen sie Ihnen sagen? Was sollen sie tun, damit Sie sich geliebt fühlen? Brauchen Sie liebe Worte, Zärtlichkeit, Geschenke? Was wünschen Sie sich?

Sobald Sie herausgefunden haben, was Sie von anderen Menschen brauchen, um sich geliebt zu fühlen, überlegen Sie weiter: Was davon könnten Sie sich selber geben? Warten Sie nicht, bis jemand erkennt, was Sie brauchen, und es Ihnen gibt. Erfüllen Sie sich Ihre Bedürfnisse in erster Linie selbst. Behandeln Sie sich so, wie Sie es sich von einem Freund, einer Freundin wünschen würden.

Wenn Sie sich selbst ein guter Freund, eine gute Freundin sind und sich dadurch wohlfühlen und glücklich sind, verändert das Ihr Verhältnis zu anderen? Fühlen Sie sich anderen mehr verbunden? Fällt es Ihnen dann leichter, die anderen wohlwollend zu betrachten?

Der nächste Schritt: Andere lieben

Sobald man sich wohler fühlt und glücklicher ist, hat die Liebe zu anderen eine echte Chance. Anderen etwas Gutes zu tun ist dann nicht mehr bloße Pflicht, sondern ein Bedürfnis. Ab einem gewissen Punkt kann man sein eigenes Glück nur noch dadurch steigern, dass man anderen hilft, ebenfalls glücklich zu sein.

»Liebe« aus Pflichtgefühl ist dagegen eine kümmerliche Art zu lieben. Es gibt viel zu viele unglückliche Helfer. Diese Menschen sind selbst so bedürftig, erwarten so viel Dankbarkeit und handeln unterschwellig so selbstbezogen, dass ihre Hilfe nicht wirklich zum Tragen kommt.

Selbstliebe trägt auch zu glücklichen Partnerschaften bei. Es ist einfacher, mit anderen zusammenzuleben, wenn man von ihnen nicht die ganze Zeit erwartet, dass sie einen glücklich machen.

Diese Ansicht steht allerdings der Vorstellung von romantischer Liebe diametral gegenüber: »Ich mache dich glücklich, und du machst mich glücklich«, verspricht sich das frisch verliebte Paar. Alles, was man selbst nicht kann, erhofft man sich vom Partner. In einer solchen Verbindung ist man aber vom anderen emotional und sozial so abhängig wie ein Kind. Wenn man die Liebe vom anderen nicht wie erwartet bekommt, ist man enttäuscht und wütend.

John Gottman, Autor des Buches ›Die 7 Geheimnisse der glücklichen Ehe‹, sagt, dass Paare dauerhaft und glücklich zusammenleben, falls es ihnen gelingt, immer wieder Spaß zusammen zu haben. Darauf hätte man eigentlich auch selbst kommen können, aber es ist schön, diese Erkenntnis von Wissenschaftlern bestätigt zu finden. Aber ist diese Erkenntnis wirklich allgemein bekannt? Erwarten viele nicht, dass eine Partnerschaft »einfach so« läuft, ohne etwas dafür tun zu müssen, damit beide sich in der Beziehung wohlfühlen und Spaß miteinander haben können? Glauben manche nicht sogar, sich völlig danebenbenehmen zu können, ohne dass die Liebe des anderen erlischt? Die meisten Ehen scheitern übrigens schlicht und einfach am Machismo der Männer (vgl. oben den Abschnitt »Den kleinen Diktator spielen«).

Sie könnten Ihre Beziehung möglicherweise verbessern, wenn Sie sich gemeinsam einmal Folgendes überlegen: Was macht Ihnen und Ihrer Partnerin/Ihrem Partner Spaß? Erstellen Sie eine Liste mit mindestens 100 Punkten. (Es dürfen auch »Kleinigkeiten« dazugehören.) Und setzen Sie diese Liste nach und nach zusammen in die Tat um, täglich.

Andere Menschen zu lieben, das bedeutet, sich mit ihnen verbunden zu fühlen und sie glücklich sehen zu wollen. Jeder kann aber nur auf seine eigene Art glücklich werden. Deshalb muss man in der Lage sein, von seinen eigenen Vorlieben abzusehen. Wenn Sie selber die Farbe Grün mögen, Ihre Freundin aber Rot, schenken Sie ihr dann einen grünen oder roten Pullover?

Wer liebt, kann auch loslassen. Eltern freuen sich dann über die zunehmende Selbstständigkeit ihrer Kinder. Sie klammern sich nicht an sie und machen ihr Glück nicht von ihnen abhängig. Im Idealfall können auch Paare einander loslassen. Sie üben keinen Druck aufeinander aus und sind in der Lage, allein und zusammen glücklich zu sein.

Friedliche Koexistenz

Und was macht man mit Leuten, die man nicht mag? Wie kommt man mit seinen Feinden aus? Solange nicht einmal die Nächstenliebe richtig funktioniert, kann man wohl nicht verlangen, seine Feinde zu lieben.

Friedliche Koexistenz heißt die pragmatische Alternative. Sie verlangt von Menschen, die sich ablehnen oder sogar hassen, schon eine ganze Menge. Sich gegenseitig anerkennen, die Interessen der anderen Seite respektieren, gemeinsame Lösungen finden, Vertrauen entwickeln, Gemeinsamkeiten betonen, miteinander reden, verhandeln und zusammenarbeiten, das alles sind Schritte, das gegenseitige Verhältnis zu verbessern. Willy Brandt hat in der zweiten Hälfte des vorigen Jahrhunderts zusammen mit anderen eine Politik des Zusammenlebens verfeindeter Staaten entwickelt. Seine Entspannungspolitik war erfolgreich und hat ihm den Friedensnobelpreis eingetragen. Jeder, der ernsthaft an friedlichem Zusammenleben interessiert ist, kann diese Politik studieren und anwenden. Wer dabei nicht anerkennen will, dass auch die andere Seite das Recht und den Wunsch hat, auf ihre Weise glücklich zu werden, dem wird es kaum gelingen, selbst glücklich und in Frieden zu leben. Der einfachste Nenner dieses Konzepts ist der Grundsatz: leben und leben lassen. Würde er weltweit beachtet, gäbe es keine Kriege mehr.

Natürlich würden sich in einer vollkommenen Welt alle Menschen lieben. Aber wir leben in einer unvollkommenen Welt, in der immer wieder Wege gefunden werden müssen, Kriege zu vermeiden, zu beenden und Frieden zu schaffen. Frieden ist der erste Schritt, Liebe der zweite.

Freundlicher über andere denken

Die Sieben-Punkte-Umdenk-Methode können Sie auch auf Menschen anwenden, die Sie nicht mögen. Damit finden Sie heraus, ob Ihre Abneigung begründet ist oder auf Vorurteilen beruht.

Denken Sie an eine Person, über die Sie sich ärgern oder die Sie sogar hassen.

Wie stark ist Ihre Abneigung gegen den anderen auf einer Skala von 0 bis 100?

Was geht Ihnen durch den Kopf, wenn Sie an diese Person denken?

Welche »heißen« Gedanken lösen Ihre Abneigung aus? Was spricht für diese Gedanken? Welche Beweise gibt es für Ihre Überzeugungen?

Was spricht gegen Ihre »heißen« Gedanken? Vermeiden Sie typische unglückliche Gedanken, wie beispielsweise Verallgemeinerungen, Etikettierungen, Übertreibungen, Abwertungen des Positiven, den kleinen Diktator spielen usw.

Gibt es ausgewogenere, den Tatsachen besser entsprechende Gedanken?

Hat sich an Ihrer Abneigung etwas geändert (Skala von 0 bis 100)? Falls ja: Glückwunsch!

Wenn nein: Ihre Abneigung könnte begründet sein, oder Sie haben nur noch keine überzeugenden Gegenargumente gegen Ihre »heißen« Gedanken gefunden. Sprechen Sie mit anderen, die im Allgemeinen ruhig und gelassen sind. Vielleicht können diese Ihnen mit ein paar freundlichen Gedanken aushelfen.

Die Anwendung der Glücksstrategien – Machen Sie die Glücksstrategien zu alltäglichen Gewohnheiten in Ihrem Leben

Um glücklich zu leben, genügt es nicht, die Strategien zu kennen. Aber in Ihrem Leben ändert sich erst dann etwas, wenn Sie von Ihren neuen Möglichkeiten Gebrauch machen.

Die Glücksstrategien sind nicht für die Vitrine und nicht zum Anbeten. Sie sind für den Alltag gedacht, für alle Situationen, in denen wir uns normalerweise unglücklich machen.

Lernen vollzieht sich also in zwei Schritten: Wissen und Anwenden. Den ersten Schritt machen Sie, indem Sie dieses Buch lesen und sich das Wichtigste merken. Wir kommen nun zum zweiten Schritt, zur Anwendung.

Sie könnten damit beginnen, dass Sie im Laufe des Tages auf Ihre Gefühle achten. Ärgern Sie sich? Sind Sie betrübt? Machen Sie sich Sorgen? Möglicherweise stellen Sie am Anfang fest, dass Sie bestimmte Gefühle öfter haben, als Ihnen bisher bewusst war. Vielleicht geht Ihnen jetzt erst so richtig auf, wie oft Sie sich im Laufe eines Tages ärgern. Sie könnten dann den Eindruck haben, Ihr Ärger nehme immer mehr zu. In Wirklichkeit nimmt aber Ihre Aufmerksamkeit zu. Sie ärgern sich vermutlich nicht mehr als früher, aber Sie nehmen es jetzt zum ersten Mal bewusst wahr. Das ist ein beachtlicher Erfolg und der Ausgangspunkt für weitere Fortschritte.

Da Sie mit Hilfe der Glücksstrategie Nr. 5 Ihren Ärger beeinflussen können, können Sie es sich auch leisten, ihn in vollem Umfang wahrzunehmen. Viele Menschen wollen gar nicht so genau wissen, wie es in ihnen aussieht, weil sie fürchten, mit ihren Gefühlen dann nicht fertigzuwerden. Darin steckt ein Körnchen Wahrheit. Die Strategie, sich abzulenken oder zu betäuben, mit Alkohol, Tabletten oder anderen Sachen, ist so lange ein Notbehelf, bis man es wagen kann, sich seinen Gefühlen zu stellen, weil man ihnen nicht mehr ausgeliefert ist.

Erwarten Sie nicht, dass sich Ihr Gefühlsleben von einem Tag zum anderen vollkommen ändert. Lesen Sie immer mal wieder in diesem Buch und setzen Sie Ihre Erkenntnisse Schritt für Schritt um. Die kleinen Schritte summieren sich mit der Zeit zu beachtlichen Erfolgen. Machen Sie sich mit den Glücksstrategien keinen neuen Stress. Bleiben Sie locker und gelassen und erlauben Sie sich, nicht perfekt zu sein. Glücklich zu leben kann Spaß machen. Alles andere wäre ohnehin paradox.

Erklären Sie anderen die Glücksstrategien. Dabei lernen Sie eine Menge. Beim Schreiben dieses Buches habe ich gemerkt, dass mir vieles von dem, was mir schon lange bekannt ist, noch klarer geworden ist. Ich kann dadurch mein Wissen selber besser anwenden.

Sie können dasselbe tun, indem Sie anderen die fünf Schritte zum Erfolg, die sechs Glücksstrategien, die 13 typischen unglücklichen Gedanken und ihre Alternativen und anderes mehr erklären. Aber drängen Sie dieses Wissen anderen nicht auf. Wenn Sie merken, dass es die anderen nicht interessiert, wechseln Sie einfach das Thema, so wie Sie es auch sonst tun würden, wenn Sie von einem Film erzählen, der die anderen kaltlässt.

Sie werden genug Stoff finden, um die Glücksstrategien im Alltag anzuwenden. Die Welt ist voller Leiden, aber auch voller Glück. Je mehr Vertrauen, Optimismus und Gelassenheit wir entwickeln, desto sicherer, seliger und friedvoller wird die Welt, in der wir leben; denn wir sehen die Welt nicht so, wie sie ist, sondern so, wie wir sind.

Glück und Unglück sind relative und subjektive Begriffe. Worüber wir uns grämen, darüber lächeln andere nur. Was uns aufwühlt, lässt andere kalt. Umgekehrt ist es genauso: Wir verstehen viele Sorgen der anderen Menschen nicht. Wie kann man sich nur *darüber* aufregen? Wieso hat die *davor* Angst?

Dazu die folgende Geschichte: Ein katholischer Priester und ein jüdischer Rabbi reisen zusammen in einem Zug. Als sie ins Gespräch gekommen sind, fragt der Priester den Rabbi: »Wann werden Sie endlich anfangen, Schweinefleisch zu essen?« Die Antwort des Rabbi: »Auf Ihrer Hochzeit, Ehrwürden.«

Manchmal glauben wir, nur die anderen hätten eine Macke. Dabei übersehen wir unsere eigenen. Das kann so weit gehen, dass wir den Splitter im Auge des anderen, aber den Balken im eigenen nicht sehen. Was denkt der Geisterfahrer über all die anderen Autofahrer, die ihm entgegenkommen? Alles Geisterfahrer!

Wir können trotzdem den Irrsinn auf der Welt und das Unglück ein wenig reduzieren, indem wir anfangen, selber glücklicher zu leben. Die Glücklicheren auf dieser Welt sind diejenigen, die die Glücksstrategien kennen und anwenden.

DIE ÜBERWINDUNG AUFTAUCHENDER HINDERNISSE

Warum werden aus aufgeweckten Kindern
so viele unglückliche Erwachsene?

Jeder hofft auf ein glückliches Leben. Warum scheitern dann so viele auf dem Weg zum Glück?

Die meisten Kinder schauen neugierig und mit wachen Augen in die Welt. Sie sind unternehmungslustig und voller Optimismus. Warum werden aus so vielen dieser Kinder später gelangweilte, frustrierte, unzufriedene Menschen?

Viele glauben, Voraussetzung für ein späteres glückliches Leben sei eine glückliche Kindheit. Einige glauben sogar, eine unglückliche Kindheit würde den Zugang zum Glück für immer verschließen. Zum Glück trifft dies nicht zu. Der in Finnland lebende Facharzt für Psychiatrie Ben Furman hat per Anzeige Menschen gesucht, die eine schwierige Kindheit hatten, und sie gebeten, drei Fragen zu beantworten:

1. Was hat Ihnen geholfen, Ihre Kindheitserlebnisse zu bewältigen?
2. Was haben Sie aus Ihrer schwierigen Kindheit gelernt?
3. Wie haben Sie später die Erfahrungen nachgeholt, die Ihnen als Kind fehlten?

Furman hat 300 Zuschriften bekommen. In seinem Buch ›Es ist nie zu spät, eine glückliche Kindheit zu haben‹ lässt er die Betroffenen

zu Wort kommen. Furman sagt, er sei nun mehr denn je davon überzeugt, dass »der Mensch ein Wesen ist, das prinzipiell alles überstehen kann«. Er bestreitet nicht, dass Kinder auf traumatische
Erlebnisse reagieren, aber wie sie reagieren, das hängt nicht allein
von den Erlebnissen ab.

Seine Meinung deckt sich mit dem hier dargelegten ABC-Mo-
dell, wonach Menschen prinzipiell frei darin sind, so oder so über ein
Ereignis zu denken und sich so oder so zu verhalten.

Frühere tiefenpsychologische Modelle gingen davon aus, dass die
ersten Kindheitsjahre das spätere Lebensglück oder -unglück unver-
änderbar bestimmen. Eine sehr pessimistische Annahme, die neue-
ren wissenschaftlichen Untersuchungen nicht standhält. Furman
berichtet von einer Studie, nach der sich drei Viertel der Personen
mit einer schweren Kindheit später davon erholt haben.

Nach einer anderen Studie hatte ein großer Teil der 100 unter-
suchten normalen und sehr erfolgreichen amerikanischen Männer
traumatische Erlebnisse in der Kindheit. Furman schreibt in seinem
Buch: »Die Erfahrung zeigt, dass Menschen erstaunlich gut mit
den Schrecken des Krieges wie auch schwierigen Familienverhält-
nissen fertig werden. Nur ein Teil der Kinder von Alkoholikern fängt
selbst an zu trinken, genauso wie es selten vorkommt, dass Kinder
von ernsthaft seelisch Kranken selber geisteskrank werden. Nur ein
geringer Teil der Kinder, die in gewalttätigen Familien aufgewachsen
sind, wird ebenso gewalttätig, und nur ein Bruchteil von Kindern,
deren sexuelle Unantastbarkeit verletzt wurde, wird als Erwachsener
etwas Ähnliches tun.

Probleme gehen nicht von einer Generation auf die andere über
nach dem Vererbungsgesetz von Mendel. In der Kindheit erlebtes
Leid und Probleme können zwar das Risiko erhöhen, im Leben ähnliche oder andere Probleme zu bekommen, aber sie sind nicht die
Ursache dafür.«

Ich kann Ihnen die Lektüre des Buches von Ben Furman nur ans Herz legen. Es passt zum Ziel, »in einer unvollkommenen Welt glücklich zu leben«, und enthält eine Reihe interessanter Strategien, eine schwere Kindheit (und andere schwierige Lebensabschnitte) zu bewältigen.

Die Kindheit scheint es jedenfalls nicht zu sein, die aus aufgeweckten Kindern unglückliche Erwachsene macht. Was aber ist es dann?

Kleine Anleitung zum Unglücklichsein

Die Gründe für ein unglückliches Leben sind leicht aufgezählt. Sie lesen sich wie eine kleine Anleitung zum Unglücklichsein.

Was muss man tun, um zu scheitern? Stellen wir einfach die fünf Schritte zum Erfolg und die sechs Glücksstrategien auf den Kopf:

1. Man darf sich erst gar nicht vornehmen, glücklich zu leben. Stattdessen muss man Reichtum (»mein Haus, mein Boot, mein Auto«) anstreben oder Ruhm oder irgendetwas anderes, bloß nicht Glück.

Wenn Sie nun meinen, Reichtum und Glück seien dasselbe, dann muss ich Sie leider bitten, das Buch (noch einmal) von vorne zu lesen.

Das Universum erfüllt viele unserer Wünsche. Wer unbedingt reich werden will, hat gute Chancen, es zu schaffen. Wer glücklich werden will, auch. Aber man darf sich nicht beklagen, dass man ein Auto bekommt, wenn man sich ein Auto wünscht. Alle, die glücklich leben möchten, sollten sich genau dies fest vornehmen, sonst kommt am Ende wieder irgendetwas anderes dabei heraus.

Ein weiteres Muss für das Unglücklichsein ist es, das einmal gesetzte Ziel – falls man sich denn dazu entschlossen hat – möglichst bald zu vergessen.

Was müssten Sie noch tun, um unglücklich zu werden?

2. Nehmen Sie Ihr Ziel nicht ernst. Demotivieren Sie sich, indem Sie finden, dass es sich nicht lohnt oder zu anstrengend ist, glücklich zu sein.

3. Ignorieren Sie, wie es geht. Sie dürfen keinen Versuch machen, es herauszubekommen. Falls Sie versehentlich an entsprechende Informationen gelangen, vergessen Sie sie.

4. Wenn Sie unglücklich sein wollen, meiden Sie die Anwendung der Glücksstrategien wie die Pest.

A. Sie dürfen sich auf keinen Fall in schöne Umgebungen und unter freundliche Menschen begeben. Sonst könnten Sie womöglich glücklich werden.

Hässliche Umgebungen und aggressive Zeitgenossen sind die Mittel der Wahl. Sie ebnen den Weg zum Unglücklichsein.

B. Tun Sie Ihrem Körper auf keinen Fall etwas Gutes. Wohlbefinden könnte Sie dazu verleiten, so etwas wie Glück zu empfinden. Tun Sie das Gegenteil: Schaden Sie Ihrem Körper, wo immer es geht. Geben Sie immer alles. Ruhepausen sind Gift, vier Stunden Schlaf schon mehr als genug. Joggen Sie, bis die Lunge pfeift und die Knie knirschen. Wenn es weh tut, wissen Sie: Sie sind auf dem richtigen Weg. Nur nicht dem inneren Schweinehund nachgeben.

Junkfood ist ein Muss. Alkohol und Drogen sind in jeder Menge erlaubt. Auch auf Upper und Downer müssen Sie auf dem

Weg ins Unglück nicht verzichten. Essen und trinken Sie, bis der Arzt kommt, und schlagen Sie seine gut gemeinten Ratschläge in den Wind.

C. Wenden Sie Ihre Aufmerksamkeit grundsätzlich dem Unerfreulichen zu. Alles Schöne, Gute und Wahre ist Tabu.

D. Arbeiten Sie an Zielen, die Ihnen gleichgültig sind oder die Sie zutiefst hassen. Streben Sie nur das an, was Sie unglücklich macht.

E. Denken Sie so, dass Sie unglücklich werden. Die 13 unglücklichen Gedanken sind von nun an Ihr Glaubensbekenntnis: Denken Sie in Alles-oder-nichts-Kategorien. Dem Positiven geben Sie keine Chance. Die Zukunft sehen Sie grundsätzlich schwarz. Sie wissen, was die anderen über Sie denken: nur Schlechtes. Sachlichkeit ist Ihnen fremd. Sie übertreiben und verallgemeinern, vor allem das Negative.
Am liebsten spielen Sie den kleinen Diktator. Zeigen Sie den anderen, was Sie von ihnen halten, wenn sie Ihre Forderungen nicht erfüllen. Halten Sie alles, was nicht genau Ihren Vorstellungen entspricht, für unerträglich. Ihre Meinung von sich, anderen und der Welt ist besonders schlecht. Glück halten Sie für vorübergehend, Unglück für beständig.
Wenn Sie sich mit anderen vergleichen, stellen Sie immer fest, dass Sie die Pik Sieben gezogen haben. Die anderen haben die bessere Karriere, das schickere Auto, die schönere Frau bzw. den reicheren Mann, die klügeren Kinder. Kurzum: Alle anderen sind glücklicher!
Eins steht jedenfalls fest: Für Ihr Unglücklichsein sind Sie auf keinen Fall verantwortlich. Schuld sind immer a) die Eltern,

b) die Regierung, c) das Wetter, d) Ihnen wird schon etwas einfallen.

F. Menschen, Tiere, Pflanzen, die gesamte Natur und Umwelt sollten Ihnen egal sein. Besser wäre es noch, Sie stünden ihnen ablehnend oder voller Hass gegenüber.

Glückliche Menschen kommen für Sie als Vorbild nicht infrage. Sie eifern stets den Unglücklichen nach und versuchen, sie noch ein wenig zu übertreffen.

5. Lösungen und Hilfe lassen Sie außer Acht. Ihre Devise lautet: Nichts ist so problematisch, als dass man es nicht noch problematischer machen könnte.

Ich denke, dass jeder sich in dieser kurzen Anleitung zum Unglücklichsein ein Stück weit wiederfindet. Aber das muss nicht so bleiben. Aus unglücklichen Erwachsenen können zwar nicht wieder aufgeweckte, optimistische Kinder werden, aber zufriedene, glückliche Menschen.

Hindernisse und Lösungen

Äußere Hindernisse kommen beim Glücklichsein kaum in Betracht. Weder die Umstände noch andere Menschen können uns unglücklich machen. Das können nur wir selbst. Das größte Hindernis auf dem Weg zum Glück ist deshalb: nicht zu wissen, wie es geht, oder dieses Wissen nicht anzuwenden.

Was man nicht weiß, kann man lernen. Die sechs Glücksstrategien bieten Ihnen eine solide Grundlage. Im Literaturverzeichnis finden Sie darüber hinaus weiterführende Bücher. Sie können aber auch Menschen, die Sie für glücklich halten, fragen, wie sie es machen, so glücklich zu sein.

Die Anwendung der Glücksprinzipien ist einfach. Es kostet kaum Zeit und Energie, unglückliche Gedanken durch glückliche zu ersetzen. Erfreuliche Verhältnisse zu schaffen, die es Ihnen erleichtern, glücklich zu sein, kann erheblich länger dauern und viel Kraft kosten. Aber auch das ist möglich.

BLICK ZURÜCK IM GLÜCK

Wir kommen zum Schluss des vorliegenden Buches. Lassen Sie uns einen Blick zurückwerfen.

Was immer man erreichen möchte, fünf Schritte sind unerlässlich:

1. Man muss wissen, was man will und
2. wie man es erreichen kann.
3. Außerdem ist es erforderlich, dieses Wissen auch anzuwenden.
4. Falls Hindernisse auftauchen, besteht die Aufgabe darin, Wege darum herum, über sie hinweg oder durch sie hindurch zu finden.
5. Und, nicht zuletzt, braucht man bei all dem gute Laune. Nur wenn es Spaß macht, ist man bereit, die Durststrecken und Probleme zu ertragen und so lange weiterzumachen, bis man am Ziel ist. Deshalb ist es wichtig, sich davon zu überzeugen, dass das Ziel, der Weg und die Problemlösungen alle gelegentlichen Mühen wert sind.

Gibt es bessere Ziele als das Glück? Ich glaube nicht. Glück ist das Ziel aller Ziele. Um es zu erreichen, muss man wissen, wie es geht, und dieses Wissen in den entscheidenden Situationen anwenden.

Sie fangen nicht bei Null an. Im Grunde genommen wissen Sie, was Sie tun müssen, um glücklich zu sein. Wenn Sie sich auf die glücklichsten Zeiten in Ihrem Leben besinnen und dasselbe oder etwas Vergleichbares wieder tun, werden Sie auch wieder glücklich sein wie damals.

Die sechs in diesem Buch vorgestellten Glücksstrategien erinnern Sie an das, was Sie schon wissen, und geben Ihnen zusätzliche Tipps:

1. Finden Sie eine Umgebung, in der Sie sich rundum wohlfühlen und in der Sie glücklich sind. Dies kann in einer Stadt oder auf dem Lande sein, im Norden oder Süden, Osten oder Westen, in einem Klima, das Ihnen zusagt. Dazu suchen Sie sich die Menschen, die Sie bei der Arbeit und privat zu Ihrem Glück brauchen. Dann noch die Tiere, Pflanzen und Dinge, die Ihr Leben bereichern. Das wäre in etwa die Grundausstattung. Leider ist dies der Teil, der am meisten Zeit und Kraft beansprucht, um ihn zu realisieren. Bei allem, was wir in der Außenwelt herbeiführen wollen, brauchen wir Zeit, Geld und Energie. Wie man es sich dabei etwas leichter machen kann, das steht in meinem ›Erfolgsbuch für Faule‹.

2. Tun Sie alles, was nötig ist, um sich körperlich wohlzufühlen. Bei dieser Glücksstrategie befinden wir uns immer noch in der materiellen Welt. Unser Körper hat seine eigenen Bedürfnisse. Er braucht Schlaf, Nahrung und Bewegung. Bei allem Zuviel und Zuwenig reagiert er mit Unwohlsein und Schmerz. Körperliches Leiden macht es zwar nicht unmöglich, glücklich zu sein. Aber es wird schwieriger. Deshalb tun wir gut daran, uns unsere körperlichen Bedürfnisse – wenn möglich – zu erfüllen. Wir werden dann mit Wohlgefühl belohnt und verfügen über eine solide Basis, um glücklich zu sein.

3. Wenden Sie Ihre Aufmerksamkeit dem Glück zu. Unglückliche Erinnerungen, Wahrnehmungen und Fantasien lassen Sie los. Dies erfordert keine Arbeit und kostet nur wenig Zeit. Von einem

Augenblick zum anderen können Sie auf etwas Neutrales oder Angenehmes umschalten. Sie gewinnen dadurch auch die Kraft, Ihre Probleme zu bewältigen.

4. Setzen Sie sich erfreuliche Ziele. Streben Sie etwas Angenehmes an. Auf diese Weise geben Sie Ihrem Leben eine sinnvolle, lohnende Perspektive. Sie denken an das, was Sie gerne verwirklicht sehen wollen, und freuen sich jetzt schon darauf.

5. Machen Sie sich glückliche Gedanken. Denken Sie so, dass Sie glücklich sind. Dies ist der Königsweg zum Glück – denn unser Glück hängt nicht von den Umständen ab. Es kommt darauf an, was wir denken. Wir können so oder so über die Dinge denken, ja wir bestimmen überhaupt, an welche Dinge wir denken. Wir können verschiedene Blickwinkel einnehmen. Jedes Mal sehen wir die Welt dann anders. Folgende Auswahlmöglichkeiten stehen uns zur Verfügung: Wir können zurückschauen, im Hier und Jetzt leben oder nach vorn blicken. Wir können sehen, hören, fühlen, schmecken und riechen. Auf jeder Ebene haben wir die Wahl zwischen Erfreulichem und Unerfreulichem. Die Welt der Gedanken, Sinne und Dinge ist so bunt und vielfältig, dass jeder das finden kann, was ihn glücklich macht.

Mit bestimmten typischen Gedanken (den »dreckigen 13«) machen wir uns unglücklich. Wir müssen diese Gedanken aber nicht denken, sondern können sie durch andere ersetzen. Angst und Vertrauen, Ärger und Gelassenheit, Resignation und Optimismus entstehen durch bestimmte Gedanken, die wir erkennen und auswählen können. Wir haben die Möglichkeit, in dieser unvollkommenen Welt glücklich zu leben, weil wir innerlich frei sind. Es gilt, sich dies immer wieder bewusst zu machen.

6. Lieben Sie sich, andere Menschen und Ihre Welt. Wünschen Sie Ihren Mitmenschen und Leidensgenossen, dass sie glücklich sein mögen. Mit Hass und Unverständnis isolieren wir uns inner-

lich. Dadurch, dass wir die Unterschiede betonen, schaffen wir eine Mauer zwischen uns und den anderen und leiden darunter. Wir können nicht mit allen und allem eins sein, aber wir können Menschen, Tiere und Pflanzen finden, die wir lieben. Glückliche Verbindungen machen uns froh. Indem wir unsere Welt mit verständnisvollen und liebenden Augen betrachten, wird sie schöner und angenehmer. Wir machen sie durch unsere Liebe liebenswert.

Sie können die sechs Glücksstrategien jederzeit anwenden. Sobald Ihnen bewusst wird, dass Sie unglücklich sind, ziehen Sie die folgenden Punkte in Erwägung:

1. Brauchen Sie eine angenehmere Umgebung?
2. Braucht Ihr Körper etwas, um sich wohlfühlen zu können?
3. Ist Ihre Aufmerksamkeit auf Erfreuliches ausgerichtet?
4. Haben Sie Ziele, auf die Sie sich freuen?
5. Braucht Ihr Kopf glücklichere Gedanken?
6. Betrachten Sie sich und Ihre Umwelt mit Verständnis, Toleranz und Wohlwollen?

Nehmen Sie die notwendigen Veränderungen vor. Dann haben Sie die besten Chancen, in dieser unvollkommenen Welt glücklich zu leben.

Viel Glück!

LITERATURVERZEICHNIS

Beck, Aaron T.: Wahrnehmung der Wirklichkeit und Neurose. Kognitive Psychotherapie emotionaler Störungen. München 1979

Burns, David D.: Feeling Good. The New Mood Therapy. New York 1980

Burns, David D.: The Feeling Good Handbook. New York 1986

Burns, David D.: Feeling good. Depressionen überwinden, Selbstachtung gewinnen. Paderborn 2006

Carnegie, Dale: Sorge Dich nicht – lebe! Die Kunst, zu einem von Ängsten und Aufregungen befreiten Leben zu finden. München 2001

Carr, Allen: Endlich Nichtraucher! Der einfache Weg, mit dem Rauchen Schluß zu machen. München 1992

Coren, Stanley: Die unausgeschlafene Gesellschaft. Reinbek bei Hamburg 1999

Dalai Lama / Cutler, Howard C.: Die Regeln des Glücks. Bergisch Gladbach 1990

Ellis, Albert: Training der Gefühle. Wie Sie sich hartnäckig weigern, unglücklich zu sein. Landsberg am Lech ³2000

Emery, Gary: Rapid Relief from Emotional Distress. New York 1986

Epiktet: Wege zum glücklichen Handeln. Frankfurt am Main 1992

Frankl, Viktor E.: … trotzdem Ja zum Leben sagen. Ein Psychologe erlebt das Konzentrationslager. München ²⁹2008

Freeman, Arthur / DeWolf, Rose: Die 10 dümmsten Fehler kluger Leute. Wie man klassischen Denkfallen entgeht. München ²1998

Furman, Ben: Es ist nie zu spät, eine glückliche Kindheit zu haben. Dortmund ²2000

Goleman, Daniel: EQ. Emotionale Intelligenz. München ²²2011

Gottman, John M.: Die 7 Geheimnisse der glücklichen Ehe. München 2000

Greenberger, Dennis/Padesky, Christine A.: Gedanken verändern Gefühle. Paderborn 2007

Hohensee, Thomas: Das Erfolgsbuch für Faule. Entdecken Sie, was Sie wirklich wollen und wie Sie es ohne Stress erreichen. München 2002

Hohensee, Thomas: Gelassenheit beginnt im Kopf. München 2011

Hohensee, Thomas: Entspannt wie ein Buddha. München 2011

Jacobson, Edmund: Entspannung als Therapie. Progressive Relaxation in Theorie und Praxis. München ³1996

Kantowsky, Detlef / Saß, Ekkehard (Hg.): Gotama Buddha: Mein Weg zum Erwachen. Eine Autobiographie. Zürich 1996

Lazarus, Arnold A.: Innenbilder. Imagination in der Therapie und als Selbsthilfe. München ²1993

Ornstein, Robert/Sobel, David: Gesund durch Lebensfreude. München 1994

Schwartz, Dannel I./Hass, Mark: Freude leben! Der kabbalistische Weg zum Glück. München 2000

Seligman, Martin: Pessimisten küßt man nicht. Optimismus kann man lernen. München 1993

Watzlawick, Paul (Hg.): Die erfundene Wirklichkeit. Wie wissen wir, was wir zu wissen glauben? Beiträge zum Konstruktivismus. München 1999

Wilson, Paul: Zur Ruhe kommen. Einfache Wege zur Meditation. Reinbek bei Hamburg 1998

Wolf, Doris / Merkle, Rolf: Gefühle verstehen, Probleme bewältigen. Mannheim ¹³1996